KNAUR
BALANCE

EUNY HONG

NUNCHI

Das koreanische Geheimrezept

Menschen und Situationen
intuitiv richtig einschätzen

Aus dem Englischen übersetzt
von Sabine Thiele

KNAUR
BALANCE

Die englische Originalausgabe erschien 2019 unter dem Titel
»The Power of Nunchi« bei Hutchinson, an imprint of Cornerstone.
Cornerstone is part of the Penguin Random House group of companies.

Besuchen Sie uns im Internet:
www.knaur-balance.de

FSC
www.fsc.org
MIX
Papier aus verantwortungsvollen Quellen
FSC® C083411

Ein Imprint der Verlagsgruppe
Droemer Knaur GmbH & Co. KG, München.

Redaktion: Birgit Förster
Covergestaltung: ki 36 Sabine Krohberger
Coverabbildung und Abbildungen im Innenteil: Collage aus Elementen von
creativemarket: Summit Avenue (Goldfolie/Kleckse), All is full of Love
(asiatisches Muster), Point and Poem (Papiertextur)
Satz: Adobe InDesign im Verlag
Druck und Bindung: CPI books GmbH, Leck
ISBN 978-3-426-67583-0

2 4 5 3 1

Die Welt ist voll von offensichtlichen Tatsachen,
die niemand jemals bemerkt.
Arthur Conan Doyle, *Der Hund von Baskerville*

Inhalt

KAPITEL 1

Was ist Nunchi?

Nunchi (gesprochen: nun-tschi): »Augenmaß« oder die subtile Kunst, die Gedanken und Gefühle anderer Menschen einzuschätzen, um Harmonie, Vertrauen und eine Beziehung zu ihnen aufzubauen

Stellen Sie sich vor, Sie haben gerade einen neuen Job bei einem großen Unternehmen angefangen, und sind zu einer Firmenparty eingeladen, auf der Sie unbedingt einen guten Eindruck machen wollen. Als Sie den Raum betreten, lachen alle ein bisschen zu laut über den nur mäßig lustigen Witz einer älteren Frau, die Sie zum ersten Mal sehen. Was tun Sie?

A) Sie erzählen einen tatsächlich lustigen Witz, der sehr viel unterhaltsamer ist als der gerade gehörte. Die neuen Kollegen werden begeistert sein!
B) Sie lachen mit den anderen, auch wenn es eigentlich nichts zu lachen gibt.
C) Sie passen einen geeigneten Moment ab, um sich der älteren Frau vorzustellen, die – wie Sie ganz richtig angenommen haben – die Geschäftsführerin des Unternehmens ist.

Wenn Sie sich für Möglichkeit A entscheiden, müssen Sie definitiv an Ihrem Nunchi arbeiten. Wählen Sie B, ist das eine gute Entscheidung, denn Sie haben die Atmosphäre im Raum und das Verhalten Ihrer neuen Kollegen richtig gedeutet. Wenn Ihre Wahl auf C fällt, herzlichen Glückwunsch, dann sind Sie auf dem besten Weg, Nunchi für sich zu nutzen.

Nunchi ist die koreanische Superkraft. Manche behaupten sogar, dass Koreaner dadurch Gedanken lesen können – auch wenn daran überhaupt nichts Übernatürliches ist. Nunchi ist die Kunst, sofort zu verstehen, was Menschen denken und fühlen, und dadurch bessere Beziehungen aufzubauen. Ist das eigene Nunchi sehr gut ausgebildet, bewertet man den eigenen Eindruck ständig neu, indem man jedes neue Wort, jede neue Geste und jeden neuen Gesichtsausdruck analysiert. Man ist also ständig aufmerksam und aufnahmebereit. Bei Nunchi kommt es vor allem auf die Geschwindigkeit an; in Korea hat jemand, der dieses Konzept hervorragend beherrscht, kein »gutes«, sondern »schnelles« Nunchi.

Nunchi bewahrt einen kurz gesagt vor Peinlichkeiten – wer die Atmosphäre im Raum richtig einschätzen kann, tritt in kein Fettnäpfchen. Auf lange Sicht wird Nunchi das Wasser teilen und Türen öffnen, von denen man gar nicht wusste, dass sie existieren. Nunchi wird Ihnen zum bestmöglichen Leben verhelfen.

Ein altes koreanisches Sprichwort über die Macht von Nunchi besagt: »Wenn man schnelles Nunchi besitzt, dann kann man Shrimps in einem Kloster essen.« Zugegeben, dieses Sprichwort versteht man nur, wenn man weiß, dass in traditionellen buddhistischen Klöstern in Korea streng vegetarisch gegessen wird. Im Westen könnte man stattdessen sagen: »Wenn man schnelles Nunchi besitzt, dann kann man auch Speck in einer Synagoge essen.« Mit anderen Worten, die Gesetze beugen sich dem eigenen Willen.

Jeder kann sein Leben verbessern, indem er sein Nunchi verfeinert; man muss nicht privilegiert sein, die richtigen Leute kennen oder eine beeindruckende akademische Laufbahn aufweisen. Koreaner sagen genau aus diesen Gründen zu Nunchi auch »der Vorteil der Unterprivilegierten«. Selbst wenn man sonst nichts hat, hat man immer noch Nunchi als Geheimwaffe. Und was diejenigen betrifft, die mit einem silbernen Löffel im Mund geboren wurden – nun, ohne Nunchi verliert man den Vorsprung im Leben ganz schnell.

In Korea sagt man, »das halbe öffentliche Leben basiert auf Nunchi«. Ein gut ausgeprägtes und schnelles Nunchi kann einem helfen, den richtigen Partner im Leben oder in der Geschäftswelt zu finden und in der Arbeit zu glänzen. Es kann vor Menschen schützen, die einem Böses wollen, und sogar soziale Phobien lindern. Man kann Leute dazu bringen, die eigene Partei zu ergreifen, ohne dass sie genau wissen, warum. Umgekehrt können einen Menschen instinktiv auch überhaupt nicht mögen, wenn man kein besonders ausgeprägtes Nunchi hat. Und sie wissen genauso wenig den Grund dafür wie man selbst.

Wenn Sie jetzt also denken: »Oje, nicht noch so eine asiatische Modeerscheinung – wegen Marie Kondo habe ich schon die Hälfte meiner Klamotten weggeworfen«, kann ich Sie beruhigen. Es ist keine Modeerscheinung. Koreaner setzen Nunchi seit über fünftausend Jahren ein, um die Fallstricke des Lebens zu meistern.

Man muss sich nur die jüngere koreanische Geschichte anschauen, um Nunchi in Aktion zu sehen: Das Land hat innerhalb von nur einem halben Jahrhundert den Aufstieg von einem Drittweltland zu einer Industrienation geschafft. Noch vor siebzig Jahren, nach dem Koreakrieg, war Südkorea ärmer als die meisten afrikanischen Länder südlich der Sahara. Es kam noch erschwerend hinzu, dass das Land keine eigenen natürlichen Ressourcen besitzt: keinen Tropfen Öl, keine Unze Kupfer. Mit Beginn des einundzwanzigsten Jahrhunderts war Südkorea eine der reichsten, coolsten und technologisch am weitesten fortgeschrittenen Nationen der Welt.

Heute stellt es einen Großteil des Weltbedarfs an Halbleitern und Smartphones her. Es ist das einzige Mitglied der OECD (Organisation for Economic Co-operation and Development), das sich zu Beginn Geld leihen musste und dieses nun verleiht.[1]

Natürlich hat hier auch ganz normales Glück eine Rolle gespielt, harte Arbeit und ein bisschen Hilfe von Freunden, aber wenn es so einfach wäre, hätten auch andere Entwicklungsländer den Sprung geschafft. Und doch ist es keinem gelungen. Das koreanische Wirtschaftswunder hat immer auf Nunchi aufgebaut: der Fähigkeit, die sich rasch entwickelnden Bedürfnisse anderer Nationen zu erraten, Exportprodukte zu produzieren, die genauso rasch wie diese Bedürfnisse entwickelt werden, und Pläne der einzigen Konstante des Universums anzupassen – dem Wandel.

Wenn Sie sich immer noch fragen, wozu Nunchi gut sein soll, dann denken Sie mal an die enorme Beliebtheit von K-Pop.

Nunchi ist essenzieller Bestandteil der koreanischen Gesellschaft. Eltern vermitteln ihren Kindern schon in den ersten Lebensjahren die große Bedeutung von Nunchi, zusammen mit »Schau nach links und nach rechts, bevor du die Straße überquerst« oder »Sei nett zu deiner Schwester«. »Warum hast du kein Nunchi?«, ist ein häufiger elterlicher Vorwurf. Ich weiß noch, wie ich als Kind einmal unbeabsichtigt eine Freundin der Familie beleidigte und mich meinem Vater gegenüber mit den Worten verteidigte: »Aber ich wollte doch gar nicht unhöflich zu Jinnys Mutter sein.« Worauf mein Vater antwortete: »Dass du es nicht wolltest, macht es nicht besser, sondern schlimmer.«

Im Westen versteht man den harten Tadel meines Vaters vielleicht nicht. Welche Eltern würden schon wollen, dass das eigene Kind lieber absichtlich gemein ist? Doch betrachten wir es mal so: Kinder, die absichtlich böse sind, wissen zumindest, was sie damit erreichen wollen; ob sie sich an einem Geschwisterkind rächen oder die Eltern ärgern wollen. Doch ein Kind, das nicht einmal weiß, wie die eigenen Worte auf andere Menschen wirken? Ein Kind ohne Nunchi? Egal, wie süß und lieb es ist, es wird es nicht weit bringen im Leben, außer man treibt ihm diese Ahnungslosigkeit aus.

Manche kommen schon mit Nunchi auf die Welt, andere erwerben es sich, und wieder anderen wird Nunchi aufgezwungen. Mir zum Beispiel. Als ich zwölf Jahre alt war, zog meine Familie von den USA nach Südkorea. Ich sprach kein Wort Koreanisch, trotzdem kam ich in eine koreanische Schule. Das war der beste Nunchi-Crashkurs, den man machen konnte, denn ich musste mich ohne Sprachkenntnisse an eine fremde Kultur anpassen. Damit mir das in meinem neuen Land gelang, musste ich mich extrem auf mein Nunchi verlassen, was zu meinem sechsten Sinn wurde.

Die großen Unterschiede zwischen den USA und Korea machten es mir nicht gerade leichter. In Amerika geht man sehr locker miteinander um, und man kommt mit minimalem Nunchi durchs Leben. Amerikaner verbeugen sich nicht voreinander, die Sprache kennt keine »höfliche« beziehungsweise »familiäre« Hierarchie, und man darf Erwachsene beim Vornamen nennen. Die koreanische Kultur und Sprache sind dagegen hierarchisch aufgebaut und haben mehr Regeln, als Sterne am Himmel stehen. Zum Beispiel dürfen Koreaner nicht einmal die eigenen Geschwister beim Vornamen nennen; sie müssen eine Höflichkeitsform verwenden wie »älterer Bruder« oder »ältere Schwester«. Laut der konfuzianischen Lehre muss in einer harmonischen Gesellschaft jeder seinen Platz kennen und sich dementsprechend verhalten. Mein Problem war aber, dass ich schon nicht wusste, wie ich meine eigenen Geschwister nennen sollte, geschweige denn, wie ich mich in einer koreanischen Schule zu verhalten hatte.

Mir blieb nur, meine Mitschüler zu beobachten. So lernte ich die zwei Grundprinzipien von Nunchi: 1) Wenn alle das Gleiche tun, gibt es immer einen Grund dafür. Ich hatte keine Ahnung, wie man in Habtachtstellung dastand oder wann man sich bewegen durfte; doch alle anderen taten es, und ich beobachtete aufmerksam ihre Körpersprache und machte ihnen alles nach. 2) Wenn man lange genug wartet, werden die meisten Fragen beantwortet, ohne dass man sie gestellt hat. Was toll war, denn ich konnte ja sowieso kein Wort Koreanisch.

Diese Nunchi-Feuerprobe half mir zu verstehen, was von mir erwartet wurde, sie lehrte mich, das Lernen zu lieben, und die Lehrer und Mitschüler waren geduldiger mit mir. Ein gutes Jahr nach meinem Umzug nach Korea war ich Klassenbeste und hatte Preise in Mathematik und Physik gewonnen. Nach achtzehn Monaten wurde ich zur stellvertretenden Jahrgangssprecherin gewählt und durfte andere Schüler schlagen (ein etwas fragwürdiges Privileg, das nur sehr wenigen verliehen wurde). All das hatte ich erreicht, auch wenn mein Koreanisch immer noch schrecklich war und man mich immer noch wegen meiner westlichen Verhaltensweisen aufzog. Doch ich bin der lebende Beweis dafür, dass man nicht der Beste sein muss, um zu gewinnen – solange man schnelles Nunchi hat.

Ja, ich habe hart gearbeitet, aber das Lernen allein hätte mich ohne Nunchi nicht weit gebracht. So konnte ich ein großes Handicap (in meinem Fall die mangelnden Sprachkenntnisse) in einen unerwarteten Vorteil verwandeln: Weil meine Lehrer immer so schnell sprachen, dass ich ihnen nicht jederzeit folgen und mir auch nicht viele Notizen machen konnte, musste ich an ihren Gesichtern ablesen und aus ihrer Stimme heraushören, wann sie etwas wirklich Wichtiges sagten, was zum Beispiel in einer Klausur abgefragt werden würde. Eine laute Stimme bedeutete: Das wird geprüft. Mir fiel zum Beispiel auch auf, dass meine Physiklehrerin in der siebten Klasse sanft mit ihrem Stock in die Handfläche tippte, wenn sie etwas besonders betonen wollte. (Die Lehrer hatten immer Stöcke in der Hand; sie waren aus Holz und mit Isolierband umklebt. Sie dienten üblicherweise zur Züchtigung von Schülern.) Auch wenn ich also immer noch dumm war und mir kaum etwas aufschreiben konnte, »sagten« uns die Lehrer, was wir unbedingt lernen mussten, ohne es tatsächlich so anzukündigen.

Nunchi ist ein Bestandteil des täglichen Lebens in Korea, weil die koreanische Kultur eine High-Context-Kultur ist, was bedeutet, dass ein Großteil der zwischenmenschlichen Kommunikation nicht auf Worten basiert, sondern auf dem generellen Kontext, der unzählige Facetten hat: Körpersprache, Gesichtsausdrücke, Tradition, andere Anwesende, sogar Schweigen. In Korea ist das, was *nicht* ausgesprochen wird, genauso wichtig wie das Gesagte, und wer allein auf Worte achtet, erfährt nur die Hälfte. Doch das bedeutet keineswegs, dass man Nunchi nur in Korea braucht. Auch in westlichen Ländern gibt es genügend High-Context-Situationen, in denen man sein Nunchi einsetzen sollte – selbst wenn man den Begriff gar nicht kennt.

Nunchi ist nötig

Sie haben sicher schon bemerkt, dass das Wichtige oft ungesagt bleibt, je bedeutender eine Situation ist. In solchen Momenten kann oft nur Nunchi helfen.

Der praktische Einsatz von Nunchi im Alltag heißt, den gesamten Raum zu betrachten, nicht nur eine einzelne Person. Wichtig ist, wie alle Menschen darin agieren und reagieren.

Waren Sie schon mal in der Situation, dass eine Berühmtheit zu einer Gruppe von Menschen hinzustößt? Selbst wenn Sie mit dem Rücken zur Tür stehen und den Neuankömmling nicht sehen können, wissen Sie anhand der Reaktionen der Umstehenden, dass sich etwas verändert hat. Das ist Nunchi in Aktion: das Bewusstsein für die Hinweise, die andere Menschen aussenden.

Ein Raum mag Ihnen nicht wie ein lebender, atmender Organismus erscheinen, doch das ist er. Er hat seine eigene »Temperatur«, seinen eigenen »Luftdruck«, seine eigene Lautstärke, Stimmung – und das alles ist in ständiger Bewegung. Koreaner sagen, ein Raum hätte ein *boonwigi* – eine eigene Atmosphäre oder Wohlfühlniveau. Jeder trägt allein schon durch seine Anwesenheit dazu bei. Benimmt man sich wie ein Trampel ohne Nunchi, zerstört man das *boonwigi* des gesamten Raums. Setzt man sein großes – oder »schnelles« – Nunchi ein, kann man die Stimmung für alle verbessern.

Vielleicht hilft es, sich den Raum als Bienenstock vorzustellen. Selbst wenn alle unabhängig voneinander zu handeln scheinen, sind sie alle Teil des Schwarmgehirns. Jeder hat seinen Platz, seine feste Rolle. Sie auch. Ihre Aufgabe? Herauszufinden, worin diese Rolle besteht.

Bis man diese identifiziert hat – und selbst danach –, sollte man immer alles im Blick behalten: eine ergiebige Tätigkeit, die sofort Früchte trägt! Man muss keine Angst haben, das Falsche zu tun oder zu sagen, wenn man nur aufmerksam genug hinschaut.

Was beobachtet man aber eigentlich genau? Nunchi-Geübte suchen Antworten auf folgende zwei Fragen: »Welche emotionale Energie beherrscht den Raum?« Und: »Welche emotionale Energie kann ich selbst beitragen, um mich anzupassen?«

Doch warum sollte man sich überhaupt darum kümmern, was man ausstrahlt? Das erklärt am besten dieses oft Maya Angelou zugesprochene Zitat: »Ich habe gelernt, dass Menschen vergessen, was man gesagt hat. Sie werden vergessen, was man getan hat, aber sie werden nie vergessen, welche Gefühle man in ihnen hervorgerufen hat.«

Ich nenne einige Beispiele von mangelndem Nunchi. Wenn Sie sich an ähnliche Situationen erinnern können, denken Sie daran, wie Sie oder andere sich danach gefühlt haben:

- Sie kommen in einen Raum, in dem die Anwesenden sehr ernst und niedergeschlagen wirken. Sie fragen scherzhaft: »Wo findet denn das Begräbnis statt?«, nur um gleich darauf zu erfahren, dass der Vater einer der Anwesenden gerade gestorben ist.

- Ihr Vorgesetzter knallt die Türen zu, und Sie hören, wie einige Leute auf den Toiletten weinen. Sie fragen Ihren Vorgesetzten trotzdem nach einer Gehaltserhöhung.
- Sie besuchen den Tag der offenen Tür bei einem renommierten Unternehmen, weil Sie dort einen Job ergattern möchten. Sie versuchen die ganze Zeit, Eindruck bei einem Angestellten zu schinden, weil er eine schicke Krawatte trägt und sich wichtig gibt. Erst als Sie später eine SMS von ihm bekommen und er Ihnen schreibt, dass er mit Ihnen abendessen und ins Theater gehen möchte, merken Sie, dass er nur mit Ihnen geflirtet hat. Außerdem erfahren Sie, dass die nachlässig gekleideten Leute, die Sie für Praktikanten gehalten haben, die Geschäftsführer des Unternehmens sind.

Ein wesentlicher Teil von Nunchi ist der Wandel: Man muss sich bewusst sein, dass sich alles im Fluss befindet. Wie der weise griechische Philosoph Heraklit im sechsten Jahrhundert vor Christus sagte: »Es ist unmöglich, zweimal in denselben Fluss hineinzusteigen.« Übertragen auf Nunchi heißt das: Der Raum, den man vor zehn Minuten betreten hat, hat sich bereits verändert. Sich seiner vorgefassten Meinungen bewusst zu sein und zu wissen, wie sie die eigenen Fähigkeiten zur Beobachtung und Anpassung beeinflussen können, ist elementar zur Verfeinerung des eigenen Nunchi. Die meisten von uns wissen, dass unterschiedliche Situationen unterschiedliche Verhaltensweisen erfordern – auf einem Begräbnis verhalten wir uns anders als auf einer Geburtstagsfeier –, doch manchmal kann uns die große Vertrautheit einer Situation blind dafür machen, dass sie sich völlig verändert hat und wir uns darauf einstellen sollten.

Ein Mensch, der erfolgreich im Geschäftsleben ist, versteht die Wichtigkeit, sich Veränderungen rasch anzupassen. Manche Investmentbanken führen Bewerbungsgespräche, in denen die Interviewer sich plötzlich mit den Fenstern beschäftigen oder mitten im Gespräch den Raum wechseln, nur um zu sehen, wie die Bewerber auf unerwartete Veränderungen reagieren. Wer sich nicht an Unvorhergesehenes anpassen kann, ist im Nachteil – bei einem Bewerbungsgespräch und im Leben allgemein.

Mit gutem Nunchi beobachtet man erst einmal den Raum, bevor man mit jemandem spricht oder agiert. Wer steht bei wem? Wer hat drei Kekse auf dem Teller, wenn alle anderen nur einen genommen haben? Wir haben mächtige soziale Instinkte, die uns klare Informationen über den Raum liefern, doch wir müssen aufmerksam sein – uns mehr auf andere als auf uns selbst konzentrieren –, um sie deuten zu können.

Sherlock Holmes, der viktorianische Detektiv aus der Feder von Sir Arthur Conan Doyle, beherrschte diese Kunst meisterhaft. Schon bei seiner ersten Begegnung mit seinem Freund und Detektivpartner Dr. John H. Watson erriet Holmes, dass Watson erst kürzlich als Armeearzt in Afghanistan gedient hatte. Das schloss er aus Watsons Bräune (»Die dunkle Gesichtsfarbe hat er nicht von Natur, denn am Handgelenk ist seine Haut weiß«), seinem ausgezehrten Gesicht und der steifen Art, wie er seinen Arm hielt, was auf eine alte Verletzung hindeutet. Im weiteren Verlauf der Geschichten tadelt er Watson sanft, weil er es ihm nicht gleichtun kann: »Du siehst wohl, aber du beobachtest nicht.«

Holmes nutzt seine überragende Beobachtungsgabe meisterhaft, um Rätsel zu lösen: Das Kleid einer Frau ist nur am linken Ärmel mit Schlamm bespritzt, worauf Holmes schlussfolgert, dass die Frau links vom Kutscher eines offenen, von Pferden gezogenen Gefährts gesessen haben muss. In einigen Geschichten geben ihm die Rauchgewohnheiten von Menschen Hinweise oder die Asche, die sie zurücklassen.

Wir können nicht alle Sherlock Holmes sein, aber wir können lernen, einige seiner Fähigkeiten in unseren Alltag zu integrieren. Wie Sherlock Holmes machen wir diese Beobachtungen im Bruchteil einer Sekunde, denn Geschwindigkeit ist bei Nunchi alles. Man muss sich blitzschnell auf jede neue Information einstellen, auf jede neue Person, die den Raum betritt.

Sagen wir, Sie sitzen im Bewerbungsgespräch mit einem Abteilungsleiter. Jack erklärt Ihnen: »Die Aufgaben sind ziemlich eigenständig zu erledigen. Würden Sie sagen, dass Sie gern allein arbeiten? Nach so jemandem suchen wir.« Gerade als Sie antworten wollen, stürzt eine Frau herein, die sich als Jill vorstellt, sonst aber keine Erklärungen abgibt. Sie sagt nur: »Hallo, ich habe auch noch ein paar Fragen. Bei dieser Stelle ist das Team sehr wichtig. Arbeiten Sie gern im Team? Denn wir suchen auf keinen Fall nach einem Einzelkämpfer.« Jack und Jill beschreiben die Stelle also völlig gegensätzlich.

Sagen Sie, Sie sind ein Einzelkämpfer, um Jack zufriedenzustellen? Oder spielen Sie die Teamplayerkarte bei Jill? Sie müssen sich schnell entscheiden. Sie können nicht erst zu Hause ihre Position in der Firma googeln. Sie bemerken allerdings, dass Jack sich Jill gegenüber respektvoll verhält und sie reden lässt. Außerdem hat sie sich nicht für ihre Verspätung entschuldigt.

Was antworten Sie in dieser Situation?

A) »Nun, Jack und Jill, Ihre Antworten widersprechen sich völlig. Warum einigen Sie sich nicht auf eine Jobbeschreibung und rufen mich dann an, haha.«

B) »Ich sehe mich selbst als richtig guten Einzelkämpfer.« Das sagen Sie, weil Sie zuerst mit Jack gesprochen haben und er daher der Entscheidungsträger ist. Jill hat sich nicht für ihre Verspätung entschuldigt; das ist unhöflich, weshalb Sie ihr gar nicht zuhören. Außerdem ist sie eine Frau und wahrscheinlich Jacks Assistentin.

C) »Nun, ich kann ebenso gut allein arbeiten wie in einem Team. Ich kann einfach alles.«

D) »Ich habe sowohl allein als auch in Teams schon sehr gut gearbeitet, aber meine wahre Stärke liegt in der Zusammenarbeit.« Weil Jill danach sucht und ihrem Verhalten nach wahrscheinlich Jacks Vorgesetzte ist.

Wägt man alle Möglichkeiten gegeneinander ab, sollten Sie sich für Option D entscheiden. Jill hat sich nicht für ihre Verspätung entschuldigt, weil es ihr egal ist, was Jack darüber denkt. Daher ist die Annahme logisch, dass Jill Jack übergeordnet ist und deshalb sie von Ihnen überzeugt werden sollte. Sie trifft die Entscheidungen.

Schnelles Nunchi kann Ihnen helfen, diese Stelle zu bekommen. Sie gewinnen mehr Freunde dadurch, ziehen Menschen auf Ihre Seite, ohne dass diese genau wissen, warum. Gutes Nunchi wird Ihnen den Weg zum Erfolg bahnen. Sie können sofort damit anfangen, Ihr Nunchi zu verbessern, völlig unabhängig von Ihrer Ausbildung oder Ihrer derzeitigen Beschäftigung oder Ihren Zukunftsaussichten. Sie müssen keine teure Ausrüstung kaufen, um ein Nunchi-Ninja zu werden, oder Kurse belegen. Sie brauchen nur Ihre Augen und Ihre Ohren und ein wenig Anleitung, wie Sie diese klug einsetzen.

Das beliebte Buch- und Fernsehepos *Game of Thrones* könnte man auch *Game of Nunchi* nennen: Es stellt Charaktere mit extrem schnellem Nunchi solchen mit unglaublich schlechtem gegenüber. Das beste Nunchi hat bisher »Halbmann« Tyrion Lannister. Seine herausragende Eigenschaft ist, dass er echte Bedrohungen spürt und sie ernst nimmt. Nahezu jede andere Figur in der Serie hat ein unterentwickeltes Nunchi, vor allem diejenigen, denen egal ist, dass der Winter naht, und die nicht an die Existenz der Weißen Wanderer glauben – diese mythischen, ausgezehrten Eiskreaturen –, trotz Unmengen an Beweisen, dass diese die Menschheit zerstören wollen. Die gesamte Stark-Familie geht in die Serie mit schrecklichem Nunchi hinein – vor allem Sansa, die jedermanns Leben zerstört, weil sie keine Menschenkenntnis hat und den sadistischen Prinzen Joffrey heiraten will. Im Lauf der Serie, als sie sich fürchterlichen Dingen stellen muss, verbessert sich ihr Nunchi ... langsam.

Seien Sie nicht wie die Starks. Verfeinern Sie Ihr Nunchi, bevor das Leben Sie auf die harte Tour dazu zwingt.

Nunchi zu üben erfordert viel Zeit und Mühe. Aber wissen Sie, was noch zeitaufwendiger und mühsamer ist? Einen schlechten Eindruck aus der Welt zu schaffen. Sich verunsichert zu fragen, warum Menschen plötzlich wütend auf einen sind. Verbrannte Erde wieder aufzuforsten, die man doch überhaupt nicht verbrennen wollte.

Dieses Buch wird Ihnen zeigen, dass Nunchi nicht einfach nur eine koreanische Besonderheit ist, wie sich die Schuhe auszuziehen, bevor man ein Haus betritt. Nunchi ist die Währung des Lebens.

KAPITEL 2

Die koreanische Superkraft

Angeblich wurde Korea im Lauf seiner Geschichte achthundertmal annektiert. Warum? Es liegt genau zwischen China und Japan, und wie Historiker bestätigen werden, ist so eine strategische Lage ein Fluch für ein kleines Land.

Trotz ihrer turbulenten Geschichte haben die Koreaner nicht nur als Nation überlebt, sondern hatten auch noch Erfolg. Neben dem überraschenden wirtschaftlichen Aufstieg beweist Korea auch kulturell großen internationalen Einfluss.

Laut der Konzertkartenagentur StubHub war Amerikas sich am drittbesten verkaufender Musikact im Herbst 2018 (nach Elton John und Ed Sheeran auf Platz 1 und 2) die K-Pop-Boyband BTS.

Dafür gibt es eigentlich keinen logischen Grund. Die Songs sind nicht einmal auf Englisch, sondern in einer Sprache, die nur in *zwei* Ländern auf der Welt gesprochen wird: Nord- und Südkorea.

Genauso wenig nachvollziehbar ist es, dass koreanische Kosmetikprodukte auf der ganzen Welt verbreitet und in allen großen Ketten von Paris bis New York erhältlich sind. Koreanische Kosmetik unterscheidet sich nicht so bahnbrechend von anderen Produkten, und doch hat sie sich als so innovativ erwiesen, so modern, dass K-Beauty ein anerkannter Einfluss auf der ganzen Welt ist.

Wie wurde ein Land, das vor gerade mal siebzig Jahren noch nahezu keine Innentoiletten hatte, plötzlich so unglaublich cool?

Durch Nunchi natürlich. »Survival of the fittest«, um Mr Darwin zu paraphrasieren, bedeutet nicht das Überleben der Stärksten, sondern derjenigen mit dem schnellsten Nunchi.

Woher haben die Koreaner ihr Nunchi?

Nunchi wird in koreanischen Volksmärchen gefeiert, und das berühmteste handelt von dem legendären Helden Hong Gildong (Hong ist der Familienname; wir sind aber nicht verwandt), einem koreanischen Robin Hood des siebzehnten Jahrhunderts. Man weiß wenig über den echten Hong Gildong, doch gemäß der traditionellen Überlieferungen überlebte Hong dank seines Nunchis einen Mordversuch, stürzte einen König und wurde an seiner Stelle König.

Jedes Volksmärchen erzählt im Grunde, wie Nunchi über Widrigkeiten triumphiert. Die Geschichte von Hong Gil-dong bildet da keine Ausnahme.

Hong wurde als Kind einer königlichen Konkubine geboren (noch dazu einer von niedrigem Rang) und daher nie als rechtmäßiger Nachkomme behandelt, auch wenn er der Lieblingssohn des Königs war. Wegen der Eifersucht der Hauptkonkubine musste Hong den Palast verlassen und sich auf eigene Faust durchschlagen – also mithilfe seines Nunchis. Dadurch wusste er, was die Stunde geschlagen hatte: Entweder er verließ sein Zuhause, oder er würde ermordet werden. So konnte er sich wie ein Chamäleon an jede Situation anpassen und möglichst effektiv darauf reagieren. Zum Beispiel gab er sich als Regierungsinspektor aus, wenn er bemerkt werden wollte, oder als Rikschafahrer, wenn er unerkannt bleiben wollte.

Um mehr über Hong und sein Nunchi zu erfahren, habe ich mit Minsoo Kang gesprochen, einem in Korea geborenen Professor für europäische Geistesgeschichte an der University of Missouri in St. Louis, der die erste umfassende Übersetzung von *Die Geschichte von Hong Gil-dong* ins Englische angefertigt hat.[2] Kang ist nicht nur Wissenschaftler, er fiel mir auch als Erstes ein, als ich nach Menschen suchte, die meines Wissens über ausgezeichnetes Nunchi verfügen.

Kang erklärt, warum Hong – oder jedes andere Mitglied der traditionellen koreanischen Gesellschaft (vor allem ein unehelicher Sohn) – Nunchi benötigte: In einem rigiden und komplizierten Klassensystem (selbst die einzelnen Klassen haben noch mal Unterklassen!) ist Nunchi überlebenswichtig.

»In der Joseon-Dynastie [die vom späten vierzehnten Jahrhundert bis zum frühen zwanzigsten Jahrhundert andauerte] lebten Familien in Mehrgenerationenverbänden auf diesem riesigen Anwesen«, bemerkt Kang. »Auch unter den Frauen herrschte eine komplizierte Hierarchie verschiedener Konkubinen. Richtig kompliziert wurde es, wenn es mehrere Nachkommen gab. In dieser Umgebung musste man Nunchi entwickeln, um zu überleben.«

Zum Verständnis von Kangs Beobachtungen sollte man vielleicht einiges über das vormoderne Korea wissen, in dem es drei Hauptreligionen gab, die in dieser Reihenfolge adaptiert wurden:

Animismus: Der Glaube, dass alle Objekte Seelen besitzen, vor allem Berge. Im Westen könnte man es am ehesten mit dem Druidentum vergleichen, der Religion, die Stonehenge hervorgebracht hat und wie sie von alten keltischen Kulturen praktiziert wurde.

Konfuzianismus: Die offizielle Staatsphilosophie in der Joseon-Dynastie, die Wert auf Ordnung in der Gesellschaft legt sowie auf eine Hierarchie, in der alle ihren Platz kennen.

Buddhismus: Von allen dreien am schwersten zu definieren, basiert jedoch zum Teil auf der Akzeptanz, dass das Leben aus Leiden besteht. Innerer Frieden lässt sich in einer solchen Welt durch Kontemplation und das Bewusstsein finden, welche weitreichenden Konsequenzen die eigenen Taten haben – sei es das Wegwerfen von Müll oder Grausamkeit gegenüber Tieren und Menschen.

Auch wenn der Konfuzianismus die wichtigste Glaubenslehre in Hong Gil-dongs Geschichte ist, haben alle drei Religionen dazu beigetragen, dass Koreaner ruhiger Überlegung große Bedeutung beimessen sowie dem Bewusstsein, welchen Einfluss die eigenen Handlungen auf die Umgebung haben.

Kang weiß auch, warum Nunchi in Korea eine so große Rolle spielt. »Viel lässt sich auf die Tatsache zurückführen, dass so oft in Korea einmarschiert wurde. Das Land war zu klein, um sich zu wehren, weshalb es sich den jeweiligen neuen Herrschern immer wieder anpassen musste. Wie sollte man mit den ganzen neuen Einwohnern umgehen – den Mongolen, den Mandschus, den Japanern? Die Koreaner hatten gar keine andere Wahl, als Nunchi auszubilden.«

Ohne Nunchi würde die koreanische Kultur gar nicht mehr existieren. Während der japanischen Kolonisierung von Korea – von 1919 bis 1945 – starben die koreanische Sprache und Kultur beinahe aus. Koreanische Familien bekamen zum Beispiel japanische Namen.

»Wenn die Japaner den Zweiten Weltkrieg gewonnen hätten«, führt Kang aus, »hätten sie die koreanische Sprache und Kultur völlig ausgelöscht.« Um seine Identität zu bewahren, musste Korea den Nunchi-Turbo einschalten.

Es galt, den Drahtseilakt zu bewältigen, die japanischen Besatzer zu besänftigen und gleichzeitig im Geheimen koreanische Zeitungen, Nicht-Shinto-Religionen und koreanischen Schulunterricht zu bewahren.

Kang erklärt auch die Rolle, die Nunchi im südkoreanischen

Wirtschaftswunder spielt, vor allem in Gestalt des langjährigen Diktators Präsident Park Jung-hee (Park ist der Familienname), der von 1961 bis zu seiner Ermordung im Jahr 1979 im Amt war. »Sosehr ich Park auch verabscheue, hat er doch erkannt, dass Südkorea nur erfolgreich sein konnte, wenn es sich der Welt gegenüber öffnete, wenn es Menschen in andere Länder schickte, um Englisch zu lernen und andere Kenntnisse zu erwerben und Arbeit für Koreaner zu schaffen. Die Fähigkeit, in anderen Menschen und Kulturen lesen zu können, ist unerlässlich.« Nordkorea hat sich dagegen völlig von der Welt abgeschottet, weshalb es jetzt auch fürchterliches Nunchi habe.

Aber wie können wir sicher sein, dass das koreanische Nunchi funktioniert hat? Zum einen gibt es mittlerweile siebzig Millionen Koreanischsprechende. Angesichts der Vergangenheit des Landes dürfte es eher keine geben.

Im modernen Korea ist Nunchi so wichtig wie eh und je. Kang betont, dass in Korea »Realpolitik mit Nunchi betrieben wird. Der südkoreanische Präsident muss mittels Nunchi herausfinden, wie er mit den Amerikanern und Nordkorea umgehen soll.« Tatsächlich waren nach dem historischen Handschlag und dem gemeinsamen Nudelschlürfen des südkoreanischen Präsidenten Moon Jae-in und des nordkoreanischen Obersten Führers Kim Jong-un im Jahr 2018 viele westliche Journalisten verwirrt, was da eigentlich gerade geschehen war. Wie sollten ein Händeschütteln und ein gemeinsames Mahl Frieden bringen? Sie verstanden allerdings nicht, dass hier zwei Koreaner ihr Nunchi gegen den Rest der Welt einsetzten.

Das Ziel der beiden Landesführer war sehr wahrscheinlich nicht die Wiedervereinigung, wie weithin angenommen wurde. Auch wenn man sich nicht ganz sicher sein kann, glauben viele Experten, dass das Treffen ein trotziges Zeichen in Richtung USA, Japan und China setzen sollte: Diese Nationen glaubten, sie könnten das Verhältnis zwischen den beiden koreanischen Staaten beeinflussen.

Betrachtet man aufmerksam die Videos des Treffens zwischen Moon und Kim, wird einem die sorgfältig choreografierte Symmetrie der beiden auffallen (auch wenn nur die engsten Vertrauten beider Männer wissen, ob das geplant war). Es ist offensichtlich, dass sie ihre Bewegungen aufeinander abgestimmt haben.

Das ist Nunchi am lebenden Beispiel. Von der ersten Begrüßung an verhielt sich keiner dominanter oder unterwürfiger als der andere. Sie verbeugten sich im exakt gleichen Winkel und genau gleich lang. Bei der Umarmung ließen sie einander im selben Moment los. Als das besondere Essen serviert wurde, bestehend aus nordkoreanischen Buchweizennudeln, bemühten sich beide, das Mahl mit höflichen, aber unlesbaren Gesichtern zu genießen und etwa im selben Tempo zu essen. Wenn einer von beiden die Nudeln genüsslich geschlürft und das Essen gelobt hätte, während der andere langsam und mit missmutigem Gesicht gegessen hätte, hätte man das als Ausdruck der jeweiligen Meinung zu Nordkorea auslegen können. Die beiden verhielten sich jedoch die ganze Zeit synchron und zeigten damit Einheit. Bei dem Gipfel hätte es auch um Basketball oder Hennessy-Cognac gehen können. Was tatsächlich besprochen wurde, war weniger wichtig als die demonstrierte Stärke und Autonomie sowie die bewusste Verwirrung des Auslands.

Nunchi ist immer noch tief mit der modernen koreanischen Gesellschaft verwoben. Menschen aus dem Westen, die zum ersten Mal in Korea sind, merken oft überrascht, dass während des ersten, zweiten oder sogar auch dritten Treffens mit ihren koreanischen Geschäftspartnern nicht direkt über das Geschäft gesprochen wird. Bei diesen ersten Treffen versuchen die Koreaner herauszufinden, ob man vertrauenswürdig ist, langfristige Beziehungen aufbauen will und ob man einer Meinung ist – das muss alles erst beobachtet und eingeschätzt werden.

Nach dem historischen Treffen im Juni 2018 zwischen US-Präsident Donald Trump und dem nordkoreanischen Obersten Führer Kim Jong-un überschlug sich die koreanische Presse geradezu, die Begegnung auf Nunchi zu untersuchen, und analysierte die Gesten der beiden Staatsoberhäupter, die Körpersprache und andere *scheinbare* Kleinigkeiten. Zahlreiche koreanische Medien kommentierten, dass der Handschlag zwischen Kim und Trump zwölf Sekunden dauerte – eine gute Mitte zwischen einem kurzen, zwanglosen Händeschütteln und den unangenehm langen neunzehn Sekunden, die Trump und der japanische Premierminister Shinzo Abe einander die Hand gaben. Die koreanische Presse vermerkte auch, dass Trumps Handschlag – der bei gewissen Staatsoberhäuptern oft eher einem Tauziehen ähnelt, bei dem jeder Beteiligte die andere Hand unauffällig zu sich zu ziehen versucht – mit Kim genau in der Mitte zwischen den beiden Männern stattfand und beide auch mit etwa gleicher Kraft zuzudrücken schienen. Nur sehr wenige Menschen wissen sicher, was wirklich bei diesem Treffen besprochen wurde, doch von außen interpretierte die südkoreanische Presse den Handschlag als eine Demonstration der USA und Nordkoreas, dass jedes Land vom anderen gleich viel zu gewinnen oder zu verlieren hatte.

Die Nunchi-Skala

Der koreanische Psychologe Heo Jaehong, Professor für Psychologie an der Kyungpook National University in der südkoreanischen Stadt Daegu, will Nunchi in die Behandlung von psychisch Erkrankten integrieren.

Heo hat die innovative »Nunchi-Skala« entwickelt, mit der man Nunchi »objektiv« messen kann.[3] Ähnliche Skalen werden seit Jahrzehnten in den westlichen Sozialwissenschaften genutzt, um Selbstbewusstsein, Lebenszufriedenheit und den Empathiequotienten zu messen. Letzterer wurde von dem renommierten Cambridge-Psychologen Simon Baron-Cohen entwickelt.

Heos Team fand heraus, dass besseres Nunchi Menschen zu mehr Glück verhelfen kann: Ein hoher Wert auf der Nunchi-Skala korrelierte mit hohen Ergebnissen bei Selbstbewusstsein, Lebenszufriedenheit und Empathie. Langfristig will er mit diesen Forschungen koreanische Patienten in einem spezifischen kulturellen Kontext behandeln, indem er ihnen hilft, ihr Nunchi zu verbessern.

In einer Studie hielten Heo und sein Team eine Liste mit Aussagen fest, die ihrer Ansicht nach Nunchi am besten beschreiben. Dann testeten sie hundertachtzig Universitätsstudenten auf ihr Nunchi.

Folgende Aussagen gehörten zu der Befragung. »Ja« als Antwort bedeutet ein hohes Nunchi-Niveau.

- Ich weiß nicht genau, was ich sagen soll, wenn ich die Stimmung/die seelische Verfassung des anderen nicht kenne.
- Selbst wenn jemand etwas indirekt sagt, verstehe ich den Subtext.
- Ich kann rasch die Stimmung und die seelische Verfassung meines Gegenübers einschätzen.
- In meiner Gegenwart fühlen sich andere Menschen wohl.
- Bei einem gesellschaftlichen Event kann ich leicht erkennen, wann es Zeit ist zu gehen und wann nicht.

Aus Heos Forschungen wird klar, dass die Personen, die die Emotionen anderer Menschen lesen und die Stimmung in einem Raum richtig einschätzen können, wahrscheinlich leichter im Leben zurechtkommen als diejenigen, bei denen diese Fähigkeiten weniger ausgeprägt sind.

Ein paar Worte noch zu der Umfrage an sich. Die Verwendung des Wortes »rasch« in der dritten Aussage (sowie in einigen anderen, die hier nicht aufgeführt sind) betont die Wichtigkeit von Geschwindigkeit bei Nunchi (was wiederum beim Empathiequotienten keine Rolle spielt). »In meiner Gegenwart fühlen sich andere Menschen wohl« ist für sich genommen keine Aktion, sondern eine Nicht-Aktion, was uns zum Schlüsselprinzip von Nunchi führt. Um aus dem hippokratischen Eid von Ärzten zu zitieren: Füge niemandem Schaden zu.

Ein Arzt verschreibt nicht gleich Penicillin oder eine Chemotherapie, sobald der Patient ihn aufsucht. Er stellt erst eine Diagnose und entscheidet, ob und wenn ja, welche Behandlung notwendig ist. Bevor er den Patienten zu heilen versucht, versichert sich der Arzt erst, dass er ihm nicht schadet. Manche Menschen haben zum Beispiel eine tödliche Allergie gegen Penicillin, oder der Krebs ist so weit fortgeschritten, dass eine Chemotherapie die Lebensqualität nur verschlechtern würde. Ohne eine Diagnose wäre die vermeintliche Hilfe nicht hilfreich.

Wir scheitern allerdings oft an dieser Grundprämisse, weil unser Verlangen, Dinge in Ordnung zu bringen, stärker ist. Manchmal versuchen wohlmeinende Menschen zu »helfen« und verschlimmern eine Situation dadurch erst noch.

Wenn zum Beispiel Menschen mit schlechtem Nunchi sehen, wie jemand weint, rücken sie die Situation erst recht in den Mittelpunkt, indem sie der Person Taschentücher geben und laut fragen, ob alles in Ordnung sei, statt erst einmal zu beobachten, ob die Person nicht lieber in Ruhe gelassen werden möchte.

Nunchi im koreanischen Alltag

In Korea, Japan und anderen asiatischen Ländern spielen Visitenkarten eine sehr wichtige Rolle, selbst heute noch. Auch wenn Korea den Westen in Sachen digitaler Technologie und Social Media weit hinter sich gelassen hat, verwenden koreanische Geschäftsleute immer noch Visitenkarten aus Papier. Es käme ihnen nie in den Sinn, einem neuen Geschäftskontakt zu sagen, er solle doch ihr LinkedIn-Profil aufrufen.

Im Westen sterben Visitenkarten immer mehr aus. Mindestens zwei amerikanische Unternehmen druckten mir erst Visitenkarten, als eine gewisse Anzahl an Angestellten neue brauchte, denn man wollte den Mengenrabatt bei der Druckerei ausnutzen. Ein Koreaner wäre schockiert, wenn man ihm das erzählen würde. Es wäre, als wenn der neue Vorgesetzte einem sagt, dass die Bürotoiletten kein Papier haben, weil dieses erst beim nächsten Schlussverkauf aufgestockt wird.

In Korea stehen Visitenkarten stellvertretend für die eigene Identität. Eine Stelle ohne Visitenkarte ist keine richtige Stelle; ein Mensch ohne Visitenkarte ist kein vollwertiges Mitglied der Gemeinschaft.

Wird in Korea eine Visitenkarte überreicht, ist das wie eine Verlängerung des eigenen Körpers. Man übergibt sie mit zwei Händen und einer Verbeugung; genauso muss man sie auch entgegennehmen. Dann muss man die Karte aufmerksam einige Sekunden betrachten und lesen. Man schiebt sie nicht gedankenlos in die hintere Hosentasche oder stopft sie ins Portemonnaie, macht sich darauf keine Notizen oder beschädigt sie sonst irgendwie. Man legt sie in ein Etui, das genau für diese Karten gedacht ist.

Der große Aufwand ist der Sinn des Ganzen. Indem so viel Aufhebens um etwas so Triviales wie ein Kärtchen gemacht wird, zeigt man seinem Gegenüber, dass man ihn mehr wertschätzt als die eigene Bequemlichkeit.

Denn zu sehr auf die eigene Bequemlichkeit zu achten ist alles andere als Nunchi-gerechtes Verhalten.

Den Ärmel festhalten

Wenn man in Korea (ebenso wie in vielen anderen Gegenden, vom Mittleren Osten bis nach Ostasien) mit einer Gruppe etwas trinken geht, füllt man die Gläser der anderen vor dem eigenen. Beim Einschenken hält man mit der freien Hand den Ärmel der anderen Hand fest. Früher tat man das, weil traditionelle koreanische Kleidung sehr weite, lange Ärmel hat und man diese nicht in das Getränk tunken wollte. Warum halten Koreaner aber an dieser Tradition fest, wenn die Ärmel heutzutage doch viel enger sind? Warum packen sie ihren nackten Unterarm, wenn sie ein T-Shirt tragen? Weil sie auf diese Weise die Distanz zwischen sich und anderen überbrücken. Man zeigt seinen Respekt, indem man Dinge auf eine bestimmte Art macht. Man befiehlt seinem Gehirn auch, sich in diesem Moment ganz auf sein Gegenüber zu konzentrieren. Wieder ist Nunchi wichtiger als die eigene Bequemlichkeit.

Der größte Feind von Nunchi: das Smartphone

Der größte Beweis, dass wir heutzutage Nunchi mehr denn je brauchen, sind Menschen, die beim Gehen auf ihr Smartphone starren und nicht einmal merken, dass ein zwei Tonnen schweres Auto auf sie zufährt. Viele Menschen registrieren nicht einmal, wenn ein Fahrer sie anbrüllt, dass sie besser aufpassen sollen, weil die Gesellschaft die Verantwortung des Fahrers dafür, dass er einen sieht und erkennt, wie versunken man in sein Smartphone ist, gleich oder sogar noch höher bewertet als die eigene Verantwortung, das nahende Auto zu bemerken.

Wenn man aufgrund von Smartphones nicht einmal mehr einen fahrenden Wagen bemerkt, dann übersieht man erst recht subtilere Hinweise darauf, wie es nahestehenden Menschen, den Kollegen oder dem Vorgesetzten gerade geht. Vielleicht posten Sie aus einer Bar auf Twitter »Bin gerade so glücklich! #AlteFreundesinddiebesten«, ohne zu merken, dass Ihre alte Freundin gerade sehr niedergeschlagen ist.

Es ist so viel einfacher, sich mit seinem Handy zu beschäftigen als mit der direkten Umgebung. Doch dafür ist nicht die moderne Technik verantwortlich, sondern wir selbst, weil wir es uns leicht machen und die Anstrengung menschlicher Gesellschaft meiden. Für einen Nunchi-Ninja ist die Unfähigkeit, mit unbehaglichem Schweigen zurechtzukommen, eine Schwäche.

Die Suche nach Ablenkung ist für uns so zur zweiten Natur geworden, dass die meisten Menschen bei einer dreißigsekündigen Gesprächspause fast schon einen Nervenzusammenbruch erleiden würden. Es ist schon so weit gekommen, dass es gar nicht mehr als unhöflich wahrgenommen wird, wenn man trotz Gesellschaft auf sein Handy schaut; es gilt sogar eher als unhöflich, jemanden zu bitten, das Telefon wegzulegen. Ich kenne Lehrer, die früher geschworen haben, ihren Schülern im Klassenzimmer niemals Handys zu erlauben. Sie haben alle kapituliert.

Es gibt Smartphones noch nicht lange genug, um die Langzeitfolgen abzusehen, aber ich garantiere, dass unter ansonsten gleichen Bedingungen diejenigen, die das Handy weglegen und sich auf die Menschen um sich herum konzentrieren können, es sehr viel weiter im Leben bringen werden.

Vielen von uns ist klar, dass man in sozialen Netzwerken Menschen nicht gut lesen kann, weshalb wir ständig übertreiben und zum Beispiel sagen, dass ein Bild so beeindruckend war, dass es »das Internet zum Kochen gebracht« oder »alle völlig umgehauen« hat. Normale Beschreibungen, wie man sie im direkten Kontakt verwenden würde, reichen in den sozialen Medien nicht, weshalb man alles aufblasen muss.

Ein kleines Beispiel dafür, wie Technik Nunchi untergräbt: Wir alle haben doch diesen Freund oder diese Freundin, der oder die ständig von Leuten aus dem Internet übers Ohr gehauen wird.

Egal, wie geübt man in der Internetkommunikation ist, sollte man dem sehr wenig Glauben schenken, was man von solchen Bekanntschaften erfährt. Persönliche Treffen sind unerlässlich, da einem nur die ungefilterten Echtzeitreaktionen von Menschen sagen, was sie denken. Es ist sehr viel schwieriger, von Menschen das zu erfahren, was man von ihnen wissen möchte, wenn man sie nicht lesen kann. So einfach ist das.

Wie überwindet man also die zerstörerische Wirkung, die moderne Technik auf Nunchi hat? Ein paar kleine Maßnahmen können eine große Hilfe sein.

Zuerst einmal ist es wenig zielführend, emotionale Inhalte übers Handy zu versenden. Die erste Nachricht schickt man an einen Menschen, doch dann kommuniziert SMS mit SMS. Das eigene Telefon mit einem anderen. Dadurch erreicht man nichts.

Ein ernsthaftes Gespräch führt man am besten von Angesicht zu Angesicht. Doch wenn der andere gerade nicht da ist und man auf E-Mail ausweichen muss, sollte man folgende Sätze am Ende noch hinzufügen:

1. »Also, was denkst du/denken Sie?« Weil Ihnen wichtig ist, was der andere denkt, und Sie können seine Körpersprache nicht über E-Mail lesen.
2. »Wir sprechen noch eingehender darüber, wenn wir uns sehen.« Sie verlagern das Gespräch also aus dem Netz heraus.

Dann ergreifen Sie die Initiative, holen Ihren Kalender und vereinbaren ein persönliches Treffen.

Nunchi für Nicht-Koreaner

Vielleicht denken Sie jetzt: »Ich will doch gar nicht nach Korea reisen, warum sollte mir Nunchi dann nützen?«

Wieso glauben Sie, dass Nunchi im Westen nicht auch sinnvoll sein könnte? Warum besprechen manche Leute wichtige Geschäfte beim Golf? Warum finden erste Dates oft beim Abendessen oder einer anderen Mahlzeit statt? Will man hier Zeit sparen und verschiedene Aktivitäten unter einen Hut bringen? Nein. Wir machen es, weil wir glauben, dass man viel über einen Menschen erfahren kann, wenn man weiß, wie er sich auf dem Golfplatz oder in einem Restaurant verhält.

Nunchi ist eine Form von emotionaler Intelligenz. Auch wenn man mittlerweile die Bedeutung von emotionaler Intelligenz von der Kindererziehung bis hin zum beruflichen Erfolg erkannt hat, belächeln sie viele Menschen in der Praxis immer noch. Wenn sie doch nur verstehen würden, dass ganze Zivilisationen auf Nunchi errichtet wurden, dann stünden sie emotionaler Intelligenz weniger skeptisch gegenüber.

Früher war Nunchi einmal essenzieller Bestandteil der klassischen westlichen Philosophie und Religion. Natürlich hieß es nicht so. Doch die entsprechenden Werte waren lebenswichtig für die alten griechischen und römischen Stoiker wie Mark Aurel, der von 161 bis 180 römischer Kaiser war. In seinen *Selbstbetrachtungen* hat er viele Gedanken voller Nunchi niedergeschrieben, wie zum Beispiel: »Erstens: Verlier nicht deine Ruhe! [...] Und dann blick unverwandt auf die Sache, fass sie scharf ins Auge und bedenk dabei, dass du ein guter Mensch sein musst und was die Natur des Menschen von dir fordert.«

Das biblische Buch der Sprichwörter rät: »Bei vielen Reden bleibt die Sünde nicht aus; wer seine Lippen zügelt, ist klug.«

Nunchi-ähnliche Prinzipien waren auch den frühen Christen wichtig. Einige mittelalterliche christliche Heilige bezogen sich auf das ähnliche Konzept der »Einsicht« oder »Unterscheidung«. Der heilige Johannes von Damaskus, ein orthodoxer Christ aus dem siebten Jahrhundert, schrieb, dass die Tugend der Unterscheidung »größer ist als alle anderen Tugenden; sie ist die Königin und die Krone aller Tugenden«.

Laut Dom Alcuin Reid, einem Benediktinerprior aus Frankreich, der umfassende Schriften zur Theologie verfasst hat, »ist die Unterscheidung in einem religiösen Kontext der Prozess, die eigenen Wünsche und Vorurteile in einer Situation hintanzustellen, um Gottes Willen zu erkennen. Der Schlüssel zur Unterscheidung ist, dass der Betrachter alle relevanten Faktoren neutral analysiert, bevor er eine Entscheidung trifft. Unterscheidung ist nicht, einfach das zu tun, was man möchte.«

Tatsächlich ist es überhaupt nicht leicht, unsere vorgefassten Meinungen abzulegen, doch sich ihrer bewusst zu sein, ermöglicht uns immerhin die Frage, ob wir nur aus eigenem oder gemeinschaftlichem Interesse handeln. Ob einem der Wille Gottes wichtig ist oder nicht, wir können alle lernen, Situationen aus der Distanz analysierend zu betrachten.

Diese traditionellen westlichen Glaubensvorstellungen passen perfekt zum Konzept von Nunchi. In der heutigen Zeit werden diese Grundsätze von Ruhe und Unterscheidung jedoch oft vernachlässigt. Der Westen legt großen Wert auf den »Glauben an sich selbst«, und schon kleinen Kindern wird früh beigebracht, die eigene Individualität durchzusetzen. An Selbstvertrauen ist nichts verkehrt, aber zu große Konzentration auf sich selbst kann eine Vernachlässigung des Gesellschaftsvertrages bedeuten – unsere Verantwortung anderen gegenüber. Wir können uns selbst treu sein und trotzdem andere so behandeln, wie wir selbst behandelt werden möchten, anstatt einfach zu verlangen, dass die Welt uns den Respekt erweist, den wir zu verdienen glauben.

Konzepte wie Nunchi wirken in der heutigen Zeit möglicherweise politisch unkorrekt, da man quasi ohne Vorwissen Urteile über andere Menschen fällen soll. Wir verfügen aber in einem Großteil der Situationen im Leben über sehr wenig Vorwissen und müssen uns trotzdem einen Weg hindurchbahnen. Nunchi kann dabei helfen, sich der Welt mit ruhiger Betrachtung und Einsicht zu stellen und nicht vorurteilsbehaftet.

Quiz

Welche der folgenden Aussagen steht für schnelles Nunchi?

A) Nach einer Tasse Tee sagt Ihre Gastgeberin: »Ich weiß nicht, ob ich genug Lamm eingekauft habe, aber möchten Sie zum Abendessen bleiben?« Sie antworten: »Sehr gern, ich esse einfach die Beilagen.«
B) Bei einem Meeting in der Arbeit beendet Ihre Kollegin ihre Präsentation und sagt: »Wenn es keine weiteren Fragen gibt, würde ich vorschlagen, wir gehen jetzt mittagessen.« In diesem Moment werfen Sie ein: »Doch, ich hätte da noch eine Frage.«
C) Sie wissen, dass Ihre Vorgesetzte Schokoladenriegel verschlingt, wenn sie gestresst ist. Deshalb werfen Sie einen Blick in ihren Papierkorb, um zu sehen, ob darin Schokoladenpapiere liegen, bevor Sie nach einer Beförderung fragen.
D) Sie stürzen in einen Raum und erzählen einen Witz.

Die korrekte Antwort: C. In diesem Szenario haben Sie sich einen Moment Zeit genommen, um die Stimmung Ihrer Chefin einzuschätzen, und dadurch die Möglichkeit der Zurückweisung verringert.

Szenario A ist der Albtraum jedes Gastgebers. Ganz offensichtlich soll der Gast gehen. Wenn Sie glauben: »Nun, die Gastgeber hätten mich explizit bitten sollen, zu gehen, wenn sie das wollten«, dann sind Sie sehr unhöflich und drängen anderen Menschen Ihr Wertesystem auf. Diese Menschen sind in ihrem

Zuhause, verdammt noch mal, und sie müssen nicht direkt statt höflich sein, weil Ihnen das lieber ist.

Im Szenario B war das Stichwort, zu schweigen, »Mittagessen«.

Und was D betrifft – außer bei einem Feuer ist es nie ratsam, einfach in einen Raum zu stürmen und *irgendetwas* zu sagen, ohne die Atmosphäre auf sich wirken zu lassen. Die Anwesenden hätten auch gerade über die letzte Terrorattacke reden können. Außerdem sollte man ein Gespräch nie mit einem Witz beginnen. Niemand wird es Ihnen verübeln, wenn Sie nicht gleich mit lustigen Sprüchen um sich werfen.

KAPITEL 3

Nunchi-Blocker

Jeder radikale Versuch, sein Leben bestmöglich zu leben, erfordert die genaue Analyse kultureller Werte, die einem mitgegeben wurden und die einem jetzt im Weg stehen könnten. Jeder wird mit einem Potenzial für Nunchi geboren, doch um es nutzen zu können, muss man einiges von den Leitsätzen infrage stellen, mit denen man von Geburt an konfrontiert wurde. Ich nenne diese kulturellen Eigenschaften »Nunchi-Blocker«. Den meisten Menschen ist nicht bewusst, dass sie einige Eigenschaften anderen vorziehen und dass diese vielleicht ihre Fähigkeit behindern, andere Menschen zu lesen und eine Verbindung zu ihnen aufzubauen. Zu den Vorurteilen der westlichen Welt gehören folgende:

- Empathie ist wichtiger als Einsicht.
- Lärm ist wichtiger als Stille.
- Extrovertiertheit ist wichtiger als Introvertiertheit.
- Scharfe Kanten sind wichtiger als glatte Rundungen.
- Individualismus ist wichtiger als Kollektivismus.

Sehen wir uns diese vorgefassten Werte einmal genauer an und zeigen auf, wie jeder einzelne verhindert, das eigene Leben durch Nunchi zu verbessern. Ich muss betonen, dass sich mitgebrachte Einstellungen oft schwer ändern lassen, aber allein schon, sich ihrer bewusst zu sein, wird Ihr Nunchi verbessern.

Nunchi-Blocker 1:

Empathie ist wichtiger als Einsicht.

Der Weg zur Hölle ist mit Empathie gepflastert.

Nunchi und Empathie ähneln sich durchaus: Beide Eigenschaften haben zum Ziel, die Gefühle oder Gedanken des Gegenübers zu verstehen und letztendlich das Leiden dieser Person zu lindern. Ein Problem der modernen westlichen Einstellung ist allerdings die Überbetonung der Empathie. Aus irgendeinem Grund wird Empathie als wichtigste Eigenschaft angesehen, und nur mit ihr kann man andere Menschen verstehen. Es stimmt natürlich, dass sich alle anständigen Menschen durch ihre Fähigkeit zur Empathie auszeichnen. Für sich allein genommen wird Empathie allerdings überschätzt. Sie kann sehr eigennützig sein, und ich würde behaupten, dass sie nicht immer zu Einsicht beiträgt. Sie kreist um die Person, die sie empfindet. *Ihre* Gefühle.

Da Empathie und Nunchi oft verwechselt werden, habe ich eine leicht verständliche Gegenüberstellung der beiden entworfen.

NUNCHI	EMPATHIE
Manchmal muss man wegen anderen Unbequemlichkeiten in Kauf nehmen. (Das haben Nunchi und Empathie gemeinsam.)	Manchmal muss man wegen anderen Unbequemlichkeiten in Kauf nehmen.
Konzentration auf den Raum als Ganzes.	Konzentration auf den momentanen Gesprächspartner oder allgemein eine Gruppe (Minderheiten, eine Hungersnot).
Manchmal ist Schweigen die beste Antwort.	Normalerweise wird erwartet, dass mit dem leidenden Gegenüber gesprochen wird.
Man beobachtet und hält gleichzeitig mentale Distanz.	Man stürzt sich geradezu in den Geist des anderen.
Nunchi hat keine moralische Komponente.	Empathie ist »richtig« aus gesellschaftlicher und religiöser Sicht.
Man kann emotional neutral sein.	Starke emotionale Komponente, durch die andere einen ausnutzen können.
Gender-neutral.	Wird oft Frauen zugeschrieben.
Geschwindigkeit ist essenziell.	Geschwindigkeit spielt keine Rolle.

Wie Sie sehen, unterscheiden sich Empathie und Nunchi beträchtlich, auch wenn man beides benötigt, um mit anderen Menschen auszukommen oder sie einfach nur zu verstehen. Aus meiner eigenen Erfahrung als Lieblingsasiatin meiner Lehrer kann ich sagen, dass Empathie eine Waffe ist, die andere versucht haben, gegen mich einzusetzen. Wenn jemand mir vorgeworfen hat, ich solle doch »empathischer« sein, ging es in der Hälfte der Fälle eigentlich darum, dass ich sanftmütiger, gefügiger sein sollte. In der anderen Hälfte der Fälle erhoffte man sich, dass ich weniger wachsam bin, weil man etwas von mir wollte.

Empathie ohne Nunchi ist wie Wörter ohne Grammatik oder Syntax – unverständliches Gebrabbel.

Haben Sie schon mal einen Teppich auf einem Souk kaufen wollen? Der Verkäufer wird wiederholt sagen, er müsse doch seine Familie ernähren. Ich meine, natürlich verstehe ich, dass er für seine Familie sorgen muss, und dafür habe ich Mitgefühl, aber wenn man sich nicht mit einem 10 000-prozentigen Aufschlag auf ein schweißdurchtränktes Stück Stoff über Wasser halten kann, das letzte Woche noch eine Kamelsatteldecke war, dann läuft da etwas falsch. Nicht mit mir, Freundchen. Ich sehe deine Empathie und halte mein Nunchi dagegen.

Heutzutage hört man viel über Narzissten, Soziopathen und Psychopathen. Ihnen gemein ist der Mangel an Empathie. Man kann allerdings auch *zu viel* Empathie besitzen; damit ist man ein leichtes Opfer für solche Menschen.

Bei häuslicher Gewalt ist Empathie zum Beispiel der Feind. Sie kann einen töten. Diese Täter suchen sich bewusst empathische Menschen, denn diese entschuldigen übergriffiges Verhalten wahrscheinlich eher mit Argumenten wie: Der Täter »war erschöpft« oder »hatte eine schlimme Kindheit«. Nunchi kann einem dagegen helfen, Missbrauch rechtzeitig zu erkennen. Und dadurch Leben retten.

DIE KOREANISCHE EINSTELLUNG ZU EMPATHIE

Koreaner sind natürlich keine Monster; Empathie ist ihnen genauso wichtig wie Nunchi. Es gibt sogar ein Sprichwort über Empathie: »Ändere den Standort und denk nach.« (Es stammt ursprünglich aus China und lautet: *Yuk ji sa ji.*) Mit anderen Worten: »Betrachte die Dinge aus einer anderen Perspektive.« Das deutsche Äquivalent wäre in etwa: »Versetz dich in die Lage des anderen.« Oder: »in der Haut des anderen stecken«. Man sieht jedoch sofort den fundamentalen Unterschied zwischen der koreanischen und der deutschen Version.

Der koreanische Ausdruck »Ändere den Standort und denk nach« bedeutet einfach nur »Beweg dich« oder, um es auf Nunchi zu sagen: »Zieh dich in eine andere Ecke des Raums zurück, wie eine Katze.«

Die deutschen Ausdrücke »sich in die Lage des anderen versetzen« oder auch »in der Haut des anderen stecken« bedeuten aber »Versuche, dein Gegenüber zu *sein*«.

Ich fand das immer anmaßend. Außerdem ist es eine Verletzung persönlicher Grenzen; zu sagen, man könne jemanden erst verstehen, wenn man in dessen Haut gesteckt habe, erfordert eine Art Intimität, die keine Lebenserfahrung nötig machen sollte.

Wenn man in der Haut des anderen steckt, hat man einen eingeschränkten Blick auf sein Problem und die gesamte Situation. Um einen Ausspruch des berühmten französischen Schriftstellers Guy de Maupassant aus dem neunzehnten Jahrhundert zu paraphrasieren: »Der Eiffelturm ist der einzige Ort in Paris, von dem aus man Paris nicht erkennt.« Wenn man sich in jemanden »hineinversetzt«, hat man keinen objektiven Blick mehr auf ihn, weil man keine Distanz mehr zu ihm hat.

Stellen Sie sich vor, Sie bringen all Ihre Empathie auf und

scheitern trotzdem, weil Sie noch nicht selbst erlebt haben, was Ihr Gegenüber durchgemacht hat, und sich in diese Situation nicht hineinversetzen können. Was sagen Sie dann? »Tut mir leid, da kann ich nicht helfen?«

Wie sollen Chirurgen einen Patienten operieren, wenn sie sich völlig in den Kranken hineinversetzen? Eine meiner besten Freundinnen ist Ärztin, will mich jedoch nicht behandeln. Warum? Weil ihre übergroße Empathie für mich als ihre Freundin eine objektive Beurteilung verhindern würde.

Ein echter Nunchi-Ninja kann die Gefühle eines anderen Menschen wahrnehmen, unabhängig davon, ob er etwas »nachfühlen« kann oder nicht. Mit Nunchi lässt sich erfassen, was gerade geschieht, auch wenn man mit dem anderen Menschen nichts gemein hat – vielleicht sogar noch nicht einmal die Sprache.

Nunchi-Blocker 2:

Lärm ist wichtiger als Stille.

In westlichen Kulturen ist ruhiges Überlegen oft negativ behaftet. Wir sagen sogar zu jemandem, der kurz nachdenkt, bevor er eine Frage beantwortet: »Hallo, Erde an Tom! Hast du mich gehört?«

Nunchi ist unmöglich für Menschen, die ihren Geist nicht zur Ruhe bringen können. Warum man seine Gedanken zum Schweigen bringen können muss, wird verständlicher, wenn man weiß, dass Nunchi nicht hundertprozentig kulturbedingt ist – sondern zum großen Teil biologisch. Mit Nunchi ehrt man seine fünf Sinne, das Bauchgefühl (was einige moderne Gurus das »zweite Gehirn« nennen) und das ältere, weisere, instinktive Gehirn.

Das Gehirn lässt sich grob in drei Bereiche unterteilen. Der Neocortex – der einen großen Teil dessen kontrolliert, was wir rationales Denken nennen – ist bei Primaten der größte Teil des Gehirns. Evolutionär hat er sich als Letztes entwickelt und tut dies im Lauf des Lebens auch am langsamsten. Er ist also der jüngste Bereich des Gehirns, hält sich aber für den klügsten.

Der zweitälteste Teil des Gehirns ist das limbische System, das alle Säugetiere besitzen; hier werden Emotionen kontrolliert. Der älteste Teil ist das protoreptilische Gehirn, das für Instinkt und Überleben verantwortlich ist. Das »Nunchi-Gehirn« benötigt alle drei Bereiche – Neocortex, limbisches System und das protoreptilische Gehirn –, mit geringerem Gewicht auf dem Neocortex.

Im modernen Westen ist der riesige Neocortex für uns das Wichtigste. Was auch nachvollziehbar ist, denn ohne ihn wären wir keine Menschen. Doch er drängt sich sehr in den Vordergrund und übertönt wichtige Botschaften aus den anderen Gehirnregionen und dem Körper.

Das ältere, ruhigere, instinktgetriebene Gehirn zu hören erfordert einige Techniken, um das laute, fordernde jüngere Gehirn auszublenden (das manchmal auch »Affenhirn« genannt wird, weil es ständig nach etwas Neuem sucht). Deshalb empfehlen alle großen spirituellen Lehrer und Philosophen von Buddha bis Jesus, Mark Aurel, Talmud-Gelehrte, die frühen Katholiken sowie Eckhart Tolle Meditation, Gebete und Schweigen. Aus der Ruhe entspringt das beste Nunchi.

Schweigen ist einfach, aber nicht leicht. Manche Menschen schrecken vor dem Gedanken an Meditation und Gebete zurück, und ich kann sie auch nicht vom Gegenteil überzeugen. Doch es gibt ein paar »säkulare« Techniken, mit denen man seinen Geist auch zur Ruhe bringen kann.

Wenn mein Gehirn heiß läuft, wiederhole ich zum Beispiel im Stillen jeden Satz einer Person – oder fasse ihn zusammen –, während diese spricht. Diese Übung beruhigt die Nerven, man unterbricht den anderen nicht, und es wirkt, als würde ich völlig gefesselt zuhören – und das tue ich auch! Jemandem zuzuhören ist der schnellste Weg, sein Vertrauen und seine Zuneigung zu erlangen. Denn wie schon viele große Geister vor mir festgestellt haben, ist das größte menschliche Bedürfnis – nach Nahrung und Unterkunft –, gehört zu werden. Den meisten Menschen ist gar nicht unbedingt wichtig, dass man mit ihnen übereinstimmt. Hauptsache, man hört ihnen zu.

Nunchi-Blocker 3:

Extrovertiertheit ist wichtiger als Introvertiertheit.

Extrovertierte Menschen hält man aus irgendeinem Grund für gesund und glücklich, wohingegen introvertierte Menschen als unsozial und schwermütig angesehen werden. Wenn ein Ehepartner extrovertiert und der andere introvertiert ist, wird bei Partys oft über denselben Punkt gestritten: »Warum stehst du da drüben in der Ecke, wenn unsere Freunde hier sind?«

Meistens werden sich die Freunde des Paares auf die Seite des Extrovertierten stellen und den Introvertierten in den Mittelpunkt der Aufmerksamkeit rücken, damit dieser auch seinen Beitrag zu den Gesprächen leistet.

Der extrovertierte Partner sollte in dieser Situation die eigene vorgefasste Meinung infrage stellen. Warum ist es so sicher, dass der introvertierte Partner nichts zu der Atmosphäre im Raum beiträgt? Wenn die Zurückhaltung des Introvertierten einem unangenehm ist, warum liegt das dann automatisch an ihm und nicht an einem selbst? Kann man sich nicht so verhalten wie in einem Salon des neunzehnten Jahrhunderts, in dem sich alle aufhalten, weil es der wärmste Raum des Hauses ist, und jeder darf das tun, was er gerade möchte, sei es sticken, schlafen, Karten spielen oder was auch immer?

Wenn möglich, reden Sie mit der introvertierten Person und versuchen Sie, sie besser kennenzulernen. Sehr wahrscheinlich weiß diese mehr über die Dynamik ihrer sozialen Gruppe als alle anderen. Indem sie sich aus dem Raum zurückzieht, kann sie die zwischenmenschliche Dynamik und die nonverbalen Hinweise erfassen, die der Extrovertierte vielleicht übersieht.

Nunchi-Blocker 4:

Scharfe Kanten sind wichtiger als glatte Rundungen.

Eines meiner Lieblingsbücher in meiner Kindheit war Roald Dahls berühmtes Kinderbuch *James und der Riesenpfirsich*. Der Waisenjunge James bekommt magische Krokodilzungen und verstreut sie unglücklich auf der Erde, woraus ein riesiger Pfirsich wächst, in dem er zusammen mit einer Horde monströser Insekten durch die Welt reist. In einer Szene wird der Pfirsich vor der portugiesischen Küste von Haien attackiert, doch zum Glück ist er so groß und rund, dass die Haie ihre Zähne nicht hineinschlagen können, und alles geht gut aus.

Bei dieser Geschichte musste ich immer an Nunchi denken und an das Ziel, wie James' Riesenpfirsich zu sein: rund, riesig, ohne scharfe Kanten, an denen sich jemand festhalten und einen angreifen könnte. Sei ein Pfirsich, dann können dir die Haie nichts tun.

Die westliche Gesellschaft tendiert dazu, aggressives Verhalten zu belohnen, was durchaus logisch ist: Menschen mit spitzen Ellbogen wollen Aufmerksamkeit erregen, weshalb wir sie auch mehr bemerken. Doch spitze Ellbogen erzeugen scharfe Kanten, die Menschen verletzen können, ob man das will oder nicht; außerdem schafft man damit für andere Menschen eine Kante, einen Griff, an dem sie sich festhalten können und vielleicht nicht mehr loslassen. Bleiben Sie rund und glatt, und Ihre Interaktionen mit anderen werden geschmeidig und leicht sein.

Sie müssen Ihr Verhalten nicht radikal ändern. Rundheit ist eher eine Sache des *Seins* als des Tuns.

Wie kann man »rund« sein? Bei Ihrem nächsten Konflikt sagen Sie nicht, was Ihnen als Erstes in den Sinn kommt. Atmen Sie zuerst tief durch und stellen sich zwei einfache Fragen, bevor Sie denken oder handeln. »Was tue ich? Und warum?«

Klingt albern, nicht wahr? Aber es funktioniert. Die Antworten spielen keine Rolle. Die Fragen allein bringen einen dazu, innerlich einen Schritt zurückzutreten und sich auf die direkte Umgebung zu konzentrieren – so entwickelt man »Rundheit«.

Die Fragen erzeugen *sofort* eine stabilisierende Kraft in Ihrem Gehirn, als ob ein schwankendes Boot plötzlich stillstehen würde.

Wollten Sie gerade einen Kollegen auf seine schlechte Arbeit hinweisen? Fragen Sie sich: »Was tue ich? Und warum?« Das bedeutet nicht, dass Sie Ihrem inkompetenten Kollegen das nicht vermitteln sollen – machen Sie nur. Er verdient es wahrscheinlich. Doch die Interaktion wird eher zu Ihren Gunsten ablaufen, wenn Sie sich zuerst diese beiden Fragen stellen.

Selbst wenn Sie Ihr Verhalten oder Ihre Worte nicht abschwächen, werden Sie die Situation sehr viel besser unter Kontrolle haben. Wenn nicht, wird sich Ihre innere Instabilität und Verwirrung auch nach außen bemerkbar machen. Versuchen Sie, einen Kreis zu zeichnen, während Sie in einem schwankenden Boot sitzen – unmöglich. Es werden nur scharfe Kanten dabei herauskommen.

Nunchi-Blocker 5:

Individualismus ist wichtiger als Kollektivismus.

Wenn ein koreanisches Kind ungeduldig ist – wenn es zum Beispiel in einer langen Reihe am Büfett warten muss und quengelt: »Wir stehen schon ewig hier! Ich habe Hunger!« –, werden die Eltern nicht sagen: »Oh, armes Ding! Ich habe Weintrauben in meiner Tasche.« Sie werden sagen: »Bist du der einzige

Mensch auf der Welt?« *(Se'h-sang eh nu man isso.)* Das ist ein sehr verbreiteter elterlicher Tadel und bedeutet: »Ja, mein Kind, alle hier in der Schlange haben Hunger, was dir klar wäre, wenn du Nunchi hättest.« Oder anders gesagt: »Es dreht sich nicht alles um dich!« Diese Lektion ist ein sehr wichtiger Bestandteil koreanischer Erziehung und das Grundprinzip von Nunchi.

Koreaner bringen ihren Kindern dieses Konzept auf alle möglichen Arten bei. Zum Beispiel haben koreanische Schulen normalerweise keine Putzkräfte. Die Schüler reinigen abwechselnd in Gruppen nach dem Unterricht den Klassenraum. So wird ihnen mehreres fürs Leben beigebracht. Zum einen, dass man weniger Zeit zum Aufräumen braucht, je ordentlicher man ist. Zum anderen wird der Klasse das Gefühl eines Bienenstocks vermittelt: Was gut für einen ist, ist gut für alle.

2017 kursierte das Video eines Autounfalls im Netz, der sich in einem langen Tunnel in Südkorea ereignet hatte. Binnen einer Minute hatten alle Autos einen »Weg des Lebens« gebildet, damit der Rettungswagen so schnell wie möglich zur Unfallstelle gelangen konnte. Jeder Fahrer hatte seinen Wagen blitzschnell weit nach rechts gelenkt und an der Tunnelwand geparkt, um in der Mitte der Straße eine Rettungsgasse frei zu machen. Aus China und Deutschland existieren ähnliche Videos. Der Anblick ist ziemlich überwältigend und nur möglich in einer Kultur, die Kollektivismus wertschätzt und nicht nur Individualismus.

In manchen Kulturen – die Individualismus den höchsten Stellenwert zuweisen – wäre der »Weg des Lebens« nicht möglich. Ein signifikanter Teil der Fahrer hätte nicht genug Nunchi, um zu verstehen, was die anderen gerade tun. Oder sie hätten bemerkt, dass die anderen Wagen an den Straßenrand fahren, und gesagt: »Was machen denn diese Idioten? Oh, cool, der Weg durch den Tunnel ist frei für mich. Juchu!« Und dann hätten sie dem Rettungswagen den Weg versperrt, der zu der Unfallstelle gelangen muss. Glückwunsch, ihr Mörder.

Für viele von uns hat das Wort »Kollektivismus« einen sehr schlechten Beigeschmack. Manche von Ihnen sind vielleicht schon beim Lesen zusammengezuckt oder dachten an alte Propagandavideos aus Sowjetzeiten. Aber keine Angst: Man muss seinen Individualismus nicht aufgeben; man muss nur anerkennen, dass man Teil des Schwarmgehirns ist.

Wenn Sie das nächste Mal bei einem Sportereignis sind oder eines im Fernsehen anschauen, sollten Sie den Momenten Aufmerksamkeit schenken, wenn die Zuschauer alle dasselbe zu denken scheinen: Bei US-Baseballgames oder FIFA-World-Cup-Matches macht das Publikum zum Beispiel die La-Ola-Welle, bei der die Menschen nacheinander aufstehen und sich rasch wieder hinsetzen, sodass es aussieht, als ginge eine riesige Welle durch das Stadion. Bei Rugbyspielen in Großbritannien singen die Fans oft »Swing Low, Sweet Chariot«. Wer sagt ihnen, wann der richtige Zeitpunkt dafür ist? Wie haben sich diese Phänomene über die ganze Welt verbreitet? Das weiß keiner genau, doch diese Beispiele zeigen, dass wir bereits ein Kollektiv sind. Im weiteren Sinn bedeutet das, dass unser Verhalten andere beeinflusst, ob wir das wollen oder nicht.

Das Ziel ist nicht, all seine mitgebrachten Meinungen über den Haufen zu werfen – das geht auch nicht; dazu sind diese zu fest im eigenen System verankert. Sich ihrer jedoch bewusst zu sein ist der richtige Weg zu Nunchi. »Achtsamkeit« ist nicht nur ein nerviges Modewort, sondern eine Möglichkeit, dem Gehirn zu sagen, dass man bereit ist, einen riesigen Sprung hin zum bestmöglichen Leben zu wagen.

Quiz

Reingefallen. Für dieses Kapitel gibt es kein Quiz: Vorgefasste Meinungen überwindet man, indem man sich selbst Fragen stellt und nicht sich auf die richtigen Antworten konzentriert! Oder anders gesagt: Die Frage ist die Antwort.

KAPITEL 4

Ein Leben ohne Nunchi oder: Wie man Freunde verliert und Menschen verprellt*

LLOYD (gespielt von dem amerikanischen Komiker Jim Carrey): Wie stehen die Chancen, dass wir zusammenkommen?

MARY: Nicht gut.

LLOYD: Du meinst ... etwa wie eins zu hundert?

MARY: Eher wie eins zu einer Million.

LLOYD: Das heißt also, es gibt noch eine Chance?

Dumm und Dümmer[4]

Jeder Koreaner wird bestätigen, dass fehlendes Nunchi eher bemerkt wird als perfekt eingesetztes Nunchi.

Auf einen ungeschickten Menschen werden die anderen mit Augenrollen reagieren oder einander entsetzte Blicke zuwerfen; sie werden unter dem Tisch Fußtritte verteilen, weil jemand ohne Nunchi nicht sieht, was für alle anderen offensichtlich ist.

---

* Entschuldigung, Toby Young

Die folgende Szene ist ein Paradebeispiel. Eine Gruppe traf sich in einem Restaurant, alle am Tisch tranken Wein, bis auf Eileen, die bei Mineralwasser blieb. Hazel war ebenfalls anwesend, die bekannt für ihr fehlendes Nunchi ist. Hazel drängte Eileen immer wieder, doch auch Wein zu trinken, auch wenn Eileen jedes Mal ablehnte und sagte, sie trinke gern Wasser.

Selbst als die anderen sich einmischten, ließ Hazel das Thema nicht ruhen.

Als man Hazel später erzählte, dass Eileen trockene Alkoholikerin sei, rief Hazel: »Woher soll ich denn das wissen? Eileen hätte es mir sagen sollen!« Hazel erkannte nicht, dass es nicht Eileens Pflicht war, irgendeiner flüchtigen Bekannten ihre persönliche Geschichte zu erzählen. Hazel dagegen hätte die subtilen Hinweise erkennen und sich dementsprechend verhalten sollen.

Bevor sie etwas sagte, hätte Hazel sich folgende Fragen stellen sollen:

1. (Einfaches Nunchi) Schau dir Eileens Gesicht aufmerksam an. Wirkt sie unbehaglich bei deinen Bemerkungen? WARUM SOLLTE ICH MIR IHR GESICHT GENAU ANSEHEN, WER MACHT DENN SO WAS? → Leider verloren.
2. (Fortgeschrittenes Nunchi) Wirkt Eileens Ehemann überrascht darüber, dass Eileen keinen Alkohol trinkt? NEIN. → Der Ehemann kennt Eileen vermutlich am besten, er macht sich keine Sorgen – warum sollte ich es dann tun?

(Ninja-Nunchi) Nippt Eileen den ganzen Abend langsam an einem Mineralwasser oder bestellt sie eins nach dem anderen? LETZTERES. → Das könnte der Zwang eines ehemaligen Alkoholikers sein.

Ist Ihnen schon mal aufgefallen, dass wenn jemand wütend sagt: »Ich kann doch keine Gedanken lesen! Das ist nicht meine Schuld!«, derjenige in neunzig Prozent der Fälle doch schuld ist?

Solche Proteste sind das Merkmal eines Menschen ohne Nunchi. Der soziale und professionelle Preis sowie die Auswirkungen auf das eigene Glück können sehr hoch sein. Wenn man kein Nunchi hat, wird *man irrational von Menschen gehasst,* ohne dass diese den Grund dafür kennen (ich übertreibe hier nicht). Oder zumindest wird man gemieden.

Menschen reagieren auf andere Menschen mit Nunchi-Problemen wie auf jemanden mit schlechtem Atem: Es kommt ihnen vielleicht kleinlich vor, vielleicht wissen sie auch gar nicht, warum sie den anderen abstoßend finden, doch ihnen ist klar, dass sie nichts mit dieser Person zu tun haben wollen und diese sich möglichst schnell verabschieden soll.

Doch wie findet man heraus, dass man selbst schlechtes Nunchi hat?

Wenn Ihr Nunchi richtig mies ist, dann merken Sie es wahrscheinlich gar nicht. Es ist eine Erweiterung dessen, was Psychologen den Dunning-Kruger-Effekt nennen, was die kognitive Verzerrung bezeichnet, die einen wirklich dummen

Menschen vor der Erkenntnis bewahrt, dass er dumm ist. Doch wenn Sie bereits so selbstreflektiert sind, dass Sie dieses Buch lesen, wollen Sie ja den Kopf aus dem Hintern ziehen. Sie besitzen also auf jeden Fall die Fähigkeit, Ihr Nunchi zu verbessern.

Wenn Sie Freunde oder nahe Angehörige haben, denen Sie wichtig genug sind, dass sie Ihnen von Ihrem schlechten Nunchi erzählen, haben Sie Glück. Realistisch betrachtet, wird es einem allerdings kaum jemand auf den Kopf zusagen. Die meisten Menschen werden auf die Frage »Was habe ich denn getan, dass jetzt alle wütend auf mich sind?« nur antworten: »Ich weiß es auch nicht genau.«

In Korea sagt man, dass man Menschen nicht mag, die einem schlechtes Gibun vermitteln, Gibun ist das koreanische Wort für inneres, emotionales Gleichgewicht. Wenn man einer koreanischen Freundin sagt, dass man mit dem Traumtypen der Schule kein Date haben möchte, weil er einem schlechtes Gibun vermittelt, wird die Freundin nicken und nicht weiter nachfragen. Es wird verstanden und akzeptiert, dass man seinem Nunchi in solchen Dingen vertraut. Pech für den Traumtypen, der vielleicht gar nicht weiß, dass sein schlechtes Nunchi die Mädchen abschreckt.

Doch es gibt Hoffnung bei unterentwickeltem Nunchi. Der erste Schritt zur Lösung eines Problems ist es, die Existenz des Problems anzuerkennen. Es folgen ein paar Fragen zur Selbstanalyse:

Nunchi-Selbsteinschätzung

Welche der folgenden Szenarien haben Sie selbst erlebt?

A) Man hat Ihnen Folgendes gesagt: »Analysieren Sie die Stimmung im Raum«, »Ja, danke, das haben wir schon verstanden« oder: »Was wollen Sie, einen Orden?«

B) Sie sind in einem Konferenzraum und warten darauf, dass das Meeting beginnt. Um die Stille zu durchbrechen, sagen Sie: »Ist das noch so eins von Georges blöden Meetings, die man auch mit einer Mail hätte erledigen können?« George winkt Ihnen aus einer Ecke des Raums zu.

C) Sie werfen einem Kollegen vor, dass er am Donnerstagmorgen spät in der Arbeit auftaucht. Ein anderer Kollege zieht Sie zur Seite und sagt: »Du weißt schon, dass er seine Mutter seit September jeden Donnerstagmorgen zur Chemo begleitet, nicht wahr?«

D) Sie sprechen ein Thema an, das Sie für wichtig halten. Eine Stimme murmelt: »Ganz schlechter Zeitpunkt.«

E) Ihre Freunde treffen sich einzeln mit Ihnen, doch zu Gruppenaktivitäten werden Sie nicht mehr eingeladen.

F) Wenn Sie sprechen, werfen die Zuhörer einander wiederholt Blicke zu.

G) Nachdem Sie zu sprechen aufgehört haben, schlägt Ihnen lange, unerklärliche Stille im Raum entgegen.

Wenn Ihnen drei oder mehr Szenarien bekannt vorkommen, sollten Sie an Ihrem Nunchi arbeiten.

Wenn Sie aufmerksam zuhören und beobachten, liegen die Antworten genau vor Ihnen. Sie müssen nicht durchs Leben gehen und sich wie ein Opfer fühlen und sich fragen, warum Ihnen immer wieder unvermittelt negative Dinge passieren. Nunchi macht das Leben steuer- und kontrollierbarer.

Die acht tödlichen No-Nunchi-Archetypen

Wenn Sie je die erste Auswahlrunde bei *Deutschland sucht den Superstar* und ähnlichen Talentshows gesehen haben, erkennen Sie Menschen ohne Nunchi. Die Produzenten lassen bewusst Kandidaten teilnehmen, die nicht nur nicht singen können – das wäre ja langweilig –, sondern dazu noch völlig von ihrer eigenen Brillanz überzeugt sind. Mit anderen Worten: Menschen ohne Nunchi.

Jede Version von *Deutschland sucht den Superstar* und ähnlichen Formaten auf der Welt zeigt diese selbstentlarvenden Auditions. Jeder liebt sie. Warum? Man fühlt sich vielleicht schuldig, weil man sich über jemanden lustig macht, der nicht singen kann. Doch über einen schlechten Sänger, der sich für großartig hält, darf man gern lachen.

Der Sänger ohne Nunchi hat sein mangelndes musikalisches Talent nicht nur im wörtlichen, sondern auch im übertragenen Sinn demonstriert, indem er Hinweise aus seiner Umgebung ignoriert. Entweder wagen es seine Freunde nicht, ihm zu sagen, dass er kein Talent hat, oder er hat gar keine Freunde (oder sie wissen nicht, wie er singt). Es liegt in der Natur des Menschen, zu glauben, dass diejenigen, die die Reaktionen ihrer Umgebung nicht wahrnehmen, ihr Recht auf Mitgefühl des Publikums verwirkt haben.

Sie wollen nicht wie ein schlechter Kandidat einer Talentshow sein. Unwissenheit ist kein Segen, außer Sie finden es super, wenn sich Ihre Freunde ohne Erklärung von Ihnen abwenden. Ihnen könnten auch Gelegenheiten entgehen, Ihren Gesang zu verbessern (oder ein anderes Talent) oder eine andere Leidenschaft zu verfolgen, in der Sie wirklich glänzen können. Wenn man sein Nunchi verbessern möchte, sollte man sich Kritik wirklich zu Herzen zu nehmen, bevor man sie entweder annimmt oder verwirft.

Außerdem sollten Sie demjenigen, der Sie auf das fehlende Nunchi aufmerksam macht, danken, auch wenn Sie am liebsten im Boden versinken würden. Der andere erweist Ihnen einen großen Gefallen und bewahrt Sie davor, sich zum Idioten zu machen. Werfen Sie ihm nicht vor, warum er Ihnen »das nicht vorher gesagt hat«, was auch immer »vorher« sein soll. Stellen Sie sich vor, Sie haben Spinat zwischen den Zähnen – ja, es ist peinlich, wenn einen jemand darauf aufmerksam macht, aber würden Sie es nicht lieber wissen, bevor Sie nichts ahnend lächeln und Kindern Angst machen? Verstehen Sie das Feedback als das, was es ist: ein Versuch, Ihnen zu helfen.

Meiner Einschätzung nach gibt es verschiedene Untergruppen von Menschen mit Nunchi-Problemen. Vielleicht erkennen Sie sich in einem dieser acht tödlichen No-Nunchi-Archetypen wieder oder Ihre Freunde, Ihre falschen Freunde, Kollegen oder Verwandten.

No-Nunchi-Typ 1:
Kann die Stimmung im Raum nicht erfassen

Das ist die verbreitetste Ausprägung von fehlendem Nunchi und normalerweise die Folge von Ahnungslosigkeit und nicht von bösem Willen. Diese Ahnungslosigkeit rührt häufig von übergroßer Angst her und daher, dass man zu sehr mit sich selbst beschäftigt ist, um den Raum als Ganzes zu erfassen.

Nehmen wir zum Beispiel Catherine, eine grundsätzlich liebe, aber selbstzentrierte Frau, deren Unvermögen, Stimmungen wahrzunehmen, ihre Beziehungen mehr belastet hat, als ihr klar war. Ihr Kollege Ben änderte zum Beispiel gerade seinen Bildschirmhintergrund zu einem Foto von sich und einem anderen Mann, als Catherine ihm über die Schulter sah.

Sie scherzte: »Na, Ben, wechselst du jedes Mal den Bildschirmhintergrund, wenn du einen neuen Freund hast? Kommst du da überhaupt hinterher?«

Alle schnappten erschrocken nach Luft. Bens Lippe zitterte, und er entschuldigte sich und verließ das Büro. Eine Kollegin sagte zu Catherine: »Der Mann auf dem Foto ist Bens Partner, der vor ein paar Monaten an Lupus-bedingtem Nierenversagen gestorben ist. Wieso weißt du das nicht?«

Als Ben ins Büro zurückkam, entschuldigte sich Catherine

von ganzem Herzen: »Ich wusste es nicht, das ist wirklich furchtbar. Bitte verzeih mir.« Später brachte Catherine Ben Gebäck und entschuldigte sich noch einmal, doch es war zu wenig für ihren groben Fehltritt.

Kann man Catherine vorwerfen, dass sie nichts vom Tod von Bens Partner wusste? Vielleicht nicht. Doch warum war Catherine die Einzige in der Abteilung, die nichts davon wusste? Ben hatte Urlaub genommen, als sein Freund starb, und Catherine hatte seine Abwesenheit offensichtlich nicht bemerkt. Wenn sie außerdem die Gesichter der anderen im Blick gehabt hätte, als Ben seinen Bildschirmhintergrund änderte, hätte sie das Mitgefühl bemerkt. Und warum musste sie das Foto überhaupt kommentieren?

Das war nicht nur ein einzelner Nunchi-Fettnapf; es wurde noch viel schlimmer, weil sie ihre Umgebung für längere Zeit nicht richtig wahrgenommen hatte. Ahnungslosigkeit ist nicht böse gemeint, kann aber so auf andere wirken. Deshalb: Seien Sie aufmerksam.

No-Nunchi-Typ 2:
Stalker, die sich für romantisch halten

Romantische Komödien aus der Feder von Richard Curtis (*Tatsächlich … Liebe* ist der schlimmste Übeltäter) könnten für die weitverbreitete Auffassung verantwortlich sein, dass man einen anderen Menschen am besten von sich überzeugt, indem man ihn in der Öffentlichkeit vorführt. Das machen sowohl Männer als auch Frauen, und es ist nicht romantisch, sondern zeigt einen egozentrischen Blick auf die Welt.

Nehmen wir zum Beispiel den Opernsänger Rainer, der sein erstes großes Engagement bekommen hatte. Die Premiere war ein Triumph: Er erhielt stehende Ovationen, und seinem Vater und seiner neunzig Jahre alten Großmutter, die in der ersten Reihe saßen, liefen vor Stolz die Tränen über die Wangen. Der Abend war für Rainer perfekt, nichts konnte ihn ruinieren.

Bis auf Ashleigh, seine psychisch instabile Ex-Freundin, die er seit zehn Jahren nicht mehr gesehen hatte.

Während Rainer den Applaus genoss, sprang Ashleigh auf die Bühne und überreichte ihm einen großen Blumenstrauß. Rainer war verwirrt; er erkannte sie erst, als sie ihn fest umarmte und sagte: »Schatz, ich bin so stolz auf dich.« Dann wurde aus seiner Verwirrung Horror. Das Publikum lachte, hielt sie für seine Frau oder Freundin. Ermutigt von dieser Reaktion, blieb Ashleigh auf der Bühne und folgte Rainer nach hinten, als der Vorhang fiel, forderte seine Aufmerksamkeit und bemerkte überhaupt nicht, wie bizarr und unangenehm die Situation für ihn war.

Letztendlich musste Rainer Ashleigh sehr unfreundlich abweisen, damit sie ihn in Ruhe ließ.

Rainers Premiere in seiner ersten großen Rolle hätte ein freudiger Abend werden sollen, doch wegen Ashleigh ist er ihm nicht in schöner Erinnerung geblieben. Seien Sie nicht wie Ashleigh: Es kann nichts Gutes dabei herauskommen, wenn man sich für den Star eines Films hält und alle anderen nur für Nebendarsteller, deren Gefühle unwichtig sind, außer sie dienen den eigenen Plänen, seien sie romantischer Natur oder was auch immer.

No-Nunchi-Typ 3:

Menschen, die nicht zwischen den Zeilen lesen können

Viele von uns haben Freunde, denen man alles ganz deutlich erklären muss und die es manchmal trotzdem nicht verstehen. Natürlich ist Kommunikation keine Einbahnstraße, und Missverständnisse passieren. Dennoch scheinen manche Menschen öfter etwas misszuverstehen als andere. Was manchmal unangenehm für alle Beteiligten sein kann.

Alice beschwerte sich regelmäßig, dass ihr neuer Freund Stan Andeutungen nie kapierte. Eines Abends sagte Alice: »Ich glaube, es ist besser, wenn du heute bei dir übernachtest, ich muss morgen ganz früh aufstehen.« Stan erwiderte: »Kein Problem, es macht mir nichts aus, wenn du früh rausmusst. Ich könnte das ja auch mal ausprobieren, früh ins Bett und früh aufstehen.« Alice versuchte es mit weiteren Andeutungen, doch schließlich musste sie sagen: »Stan, bitte, du warst die ganze Woche hier, und ich möchte heute Nacht wirklich gern mein Bett für mich haben.« Stan war wütend und meinte: »Okay, aber warum hast du das nicht gleich gesagt?« Als ob Alice das nicht die ganze Zeit versucht hätte.

Wenn jemand wiederholt auf etwas hinweist, das Ihnen irgendwie seltsam vorkommt, wie etwa »O je, so spät schon!« oder »Morgen habe ich wirklich viel zu tun«, sollten Sie ein bisschen genauer darüber nachdenken, was diese Worte wirklich aussagen sollen.

Wenn uns die Worte anderer Menschen oft verwirren, müssen wir mehr auf ihre nonverbale Kommunikation achten.

No-Nunchi-Typ 4:
Diejenigen, die »Konfuzius ihre chinesische Kalligrafie zeigen«

Dieser Typ leidet an etwas Ähnlichem wie »Mansplaining«, auch wenn diese Eigenschaft nicht auf ein Geschlecht festgelegt ist. Wenn sich jemand vor einem Experten mit seinen Kenntnissen zu einem Thema brüstet, sagt man in Korea: »Als ob man vor Konfuzius mit seiner chinesischen Kalligrafie angeben will.« Dieser Typ hat so wenig Nunchi, dass er drauflosdoziert, egal, ob der renommierteste Experte der Welt zu diesem Thema vor ihm steht.

Nehmen wir zum Beispiel Nimrod, der Nikola auf einer Party einen ungebetenen Vortrag darüber hielt, welchen Einfluss der Arbeitsspeicher auf die Geschwindigkeit des Computers hat. Prinzipiell nicht schlimm, doch Nikola hat einen PhD in Computerwissenschaften vom MIT und am IBM-Supercomputerprojekt mitgearbeitet, das Garry Kasparow im Schach geschlagen hat.

Nikola war zu höflich, um Nimrod bloßzustellen und ihren beruflichen Hintergrund zu erklären, doch die Reaktionen am Tisch hätten ein Hinweis sein müssen, dass die Situation für alle Beteiligten peinlich war. Wenn Nimrod Nikola ein paar persönliche Fragen gestellt hätte, wenn er etwas mehr beobachtet als gesprochen hätte, hätte er auf alle einen besseren Eindruck gemacht.

No-Nunchi-Typ 5:
Diejenigen, die denken, dass andere sich nur zieren

Mein Lieblingsbeispiel aus der Literatur zu gutem und schlechtem Nunchi sind Lizzy Bennet und Mr Collins aus Jane Austens *Stolz und Vorurteil*. Lizzy verfügt über ein unglaublich schnelles Nunchi, versteht Körpersprache und die Absurdität einer Situation (selbst wenn sie es nicht laut aussprechen kann). Mr Collins dagegen hat überhaupt kein Nunchi, er ist eine reine Marionette.

Für diejenigen, die mit der Geschichte nicht vertraut sind: Lizzy und Mr Collins sind entfernte Cousins; er ist der Erbe des Hauses, in dem Lizzy aufwuchs. Wie bei so vielen Menschen ohne Nunchi meint es Mr Collins gut, was es aber eigentlich nur noch schlimmer macht: Lizzy hasst sich dafür, dass sie ihn hasst, weshalb sie ihn noch mehr verabscheut. Was zu der schrecklichsten Heiratsantragsszene in der gesamten englischen Literatur führt. Auf typische No-Nunchi-Art hat Collins seine Attraktivität als potenzieller Partner hoffnungslos überschätzt. Trotz Lizzys deutlicher Signale und der Tatsache, dass jeder sehen kann, wie entsetzt sie über den Heiratsantrag ist, glaubt Collins, dass sie sich nur ziert, und sagt: »Aus all dem schließe ich, dass Ihre Ablehnung meiner Hand nicht ernst gemeint sein kann und dass Sie nur meine Liebe zu vertiefen suchen, indem Sie mich hinhalten, wie das so üblich ist bei schönen Frauen!«

Hier versagt sein Nunchi völlig, da Collins sowohl Lizzys Worte als auch ihr körperliches Unbehagen ignoriert. Es ist klar, dass jemand, der den Reaktionen anderer Menschen so gleichgültig gegenübersteht, sich selbst viel wichtiger nimmt als andere.

Seien Sie nicht wie Mr Collins. Wenn Sie auch nur den geringsten Zweifel haben, wie Ihre Botschaft – sei es in der Liebe oder in welchem Bereich auch immer – aufgenommen wird, halten Sie sich zurück und beobachten Sie erst einmal, anstatt Ihren Willen durchzusetzen.

No-Nunchi-Typ 6:

Diejenigen, die Komplimente zu ernst nehmen

Sagen wir, Sie sind ein Schriftsteller, der immer noch keinen Verlag gefunden hat, obwohl Ihre Freunde und Ihre Familie sagen, sie lieben Ihre Bücher. Versuchen Sie es weiter? Einerseits könnten Sie ja der nächste Stephen King sein, dessen erster Roman *Carrie* von dreißig Verlagen abgelehnt wurde, bevor Doubleday ihn schließlich veröffentlicht hat. Vielleicht haben Sie beim nächsten Versuch Glück, so wie King bei seinem einunddreißigsten Verlag – der legendäre »Und der Rest ist Geschichte«-Moment. Andererseits lieben Ihre Freunde und Ihre Familie Ihre Bücher vielleicht, weil sie *Sie* lieben, weshalb sie nicht dazu geeignet sind, Ihr Talent zu beurteilen.

Woher sollen Sie wissen, ob Sie weitermachen sollen? Noch verwirrender wird es, wenn erfolgreiche Menschen in Dankesreden für Auszeichnungen oft sagen: »Man darf niemals aufgeben.« Ihre Freunde werden dem zustimmen.

Ich würde auch sagen, dass Sie Ihre Kunst nicht aufgeben sollen … Aber Sie sollten definitiv nicht auf den Rat Ihrer Freunde und Ihrer Familie hören, denn diese stehen Ihnen zu nah, um objektiv zu sein. Ein wichtiger Bestandteil von Nunchi – und daher auch von Erfolg – ist es, keine Angst vor der Wahrheit zu haben, selbst wenn sie nicht das ist, was man hören will. John Lennon ging als Teenager auf eine Kunstakademie, und wenn man sich jetzt seine alten Bilder ansieht, bemerkt man, dass er durchaus Talent hatte. Doch wenn er starrsinnig darauf bestanden hätte, der nächste van Gogh zu sein, nur weil seine Mutter seine Bilder an den Kühlschrank gehängt hat, dann wäre er nie ein Beatle geworden.

Beim Schreiben müssen Sie, wie bei allen Dingen, unterscheiden können zwischen einem Kompliment, das aus echter Bewunderung für Ihr Talent heraus gemacht wurde, und einem Kompliment von jemandem, der Sie liebt und Ihre Gefühle nicht verletzen will. Wahres Nunchi heißt, sich zu fragen: »Von wem kommt das Kompliment und aus welchem Grund?«, und sich die Antwort zu Herzen zu nehmen, selbst wenn sie nicht das ist, was man hören will.

No-Nunchi-Typ 7:
Die Langweiler

Im Französischen kann das Wort *ennuyeux* sowohl »langweilig« als auch »ärgerlich« bedeuten. Wenn es eine Sprache gibt, die ein tiefes Verständnis der menschlichen Natur ausdrückt, dann Französisch.

Man könnte glauben, dass Langweiler harmlos sind, und trotzdem mag sie keiner. Wie Oscar Wilde schrieb: »Ein Langweiler ist jemand, der einen des Alleinseins beraubt, ohne einem Gesellschaft zu bieten.«

Der Langweiler ist nicht langweilig, weil seine Anekdoten keine Autoverfolgungsjagden und Explosionen beinhalten; er ist langweilig, weil er nicht zuhört und seine Antworten daher nicht zu dem passen, was der andere gerade gesagt hat. Wenn also jemand bemerkt: »Schade, dass Gene nicht hier ist. Ich weiß nicht, ob ihr gehört habt, dass er einen schrecklichen Autounfall hatte«, dann wird der Langweiler antworten: »Also, ich habe ja auch mal einen Unfall gesehen. Da war dieses Reh ...« Dann wird er sich in irrelevanten Details verlieren, ohne nach Gene zu fragen.

Niemand ist mit Absicht ein Langweiler; normalerweise verhält man sich so, weil man Angst vor Stille hat. Deshalb ist die Fähigkeit zu schweigen so unglaublich wichtig für gutes Nunchi.

Niemand ist einnehmender als jemand, der Ihnen zuhört und damit eine Verbindung zu Ihnen aufbaut. Und niemand ist langweiliger als jemand, der das Thema wechselt, um die Aufmerksamkeit auf sich zu ziehen, oder der andere mit seinen wilden Geschichten übertrumpfen will. Solche Menschen hören einem nicht zu, sie warten nur darauf, dass sie endlich wieder zu Wort kommen.

Wenn das nächste Mal jemand eine Anekdote erzählt oder seine Gedanken und Gefühle ausdrückt, versuchen Sie, sich ein paar Sekunden zurückzuhalten und dann etwas zu antworten, das nicht von Ihnen handelt. Das ist *echt* hart, nicht wahr? Es spricht Bände, dass uns kaum etwas einfällt, das nichts Persönliches ist. Doch Sie müssen keine bessere Geschichte erzählen, Ihr Gegenüber soll einfach nur wissen, dass Sie zuhören. Dadurch werden Sie sich gleich viel besser verstehen.

No-Nunchi-Typ 8:

Leute, die sagen: »Aber da, wo ich herkomme, machen wir das so«

Ob Sie mit »Da, wo ich herkomme, machen wir das so ...« Ihre alte Firma meinen, Ihre Heimatstadt oder Ihre Kultur, ist mir völlig egal. Schnelles Nunchi bedeutet, sich auf die *gegenwärtige* Situation einzulassen, unabhängig davon, was man früher getan oder gesagt hat.

Ein bedauerliches Beispiel dafür hat sich 1997 in New York ereignet und ein internationales Medienecho ausgelöst. Eine dänische Touristin aß in einem Restaurant im East Village von Manhattan (damals nicht gerade die sicherste Gegend von New York) und ließ ihren vierzehn Monate alten Säugling im Kinderwagen vor dem Lokal stehen. Besorgte Passanten informierten die Polizei. Die Eltern des Kindes wurden wegen Kindeswohlgefährdung festgenommen, das Baby einige Tage bei einer Pflegefamilie untergebracht. Die Mutter und die dänische Presse protestierten, in Dänemark sei es völlig normal, Babys an der frischen Luft zu lassen, anstatt sie mit in ein Restaurant zu nehmen, in dem geraucht wird.

Ich finde es nicht gut, dass das Kind den Eltern weggenommen wurde, doch ich glaube, dass die Touristin hier falschlag. Was man in seinem Heimatland tut, sollte nicht über dem eigenen Nunchi stehen. Hätte sie sich einen Moment lang umgesehen, hätte sie bemerkt, dass 1) die Gegend sehr viel unsicherer als Dänemark war und 2) niemand sonst seinen Kinderwagen vor dem Restaurant abgestellt hatte.

Dies war kein Beispiel für amerikanischen Puritanismus – die besorgten New Yorker wollten nur verhindern, dass das Kind entführt wurde oder anderweitig zu Schaden kam. Nicholas Scoppetta, der damalige Commissioner der New Yorker Jugendschutzbehörde, sagte der *New York Times:* »Ein Kind eine Stunde lang auf einer Straße in New York sich selbst zu überlassen, ist sehr unpassend ... Es ist nicht die Aufgabe der New Yorker Polizei, Rücksicht auf dänische Gepflogenheiten zu nehmen.«[5] Diese Aussage illustriert perfekt, dass niemand, aber auch wirklich niemand mangelndes Nunchi verzeiht. Keiner kümmert sich um Ihre guten Absichten. Und manchmal steht tatsächlich wirklich viel auf dem Spiel.

Achten Sie in einer Ihnen unbekannten Umgebung darauf, was die anderen Leute machen, und vertrauen Sie ihnen; es wird sicher einen Grund für ihr Verhalten geben.

Wahrscheinlich ist Ihnen ein dicker, roter Faden bei diesen acht Typen aufgefallen: Alle können nicht die Stimmung in einem Raum erfassen.

Wie Sie zweifellos herausgefunden haben, hat leider jeder unrecht, der denkt, dass mangelndes Nunchi keine schlimmeren Auswirkungen hat als gelegentliches Augenrollen von

Freunden. Man liegt definitiv falsch mit der Annahme, die Missbilligung von Menschen sei ihr Problem oder Unwissen sei ein Segen. Wer unfähig ist, subtile Hinweise seiner Umgebung wahrzunehmen, den kann das Freundschaften kosten, Respekt, den Job oder – wie die dänische Mutter – sogar das eigene Kind (keine Angst, sie bekam es zurück!).

Quiz

Sie sind ein Tourist in einem früheren Ostblockland und wachen eines Morgens von einer lauten Sirene auf. Sie stecken den Kopf aus dem Fenster und hören Durchsagen, die aus den riesigen Lautsprechern an jeder Straßenecke kommen und die noch aus Zeiten des Kriegsrechts stammen. Die Menschen auf den Straßen eilen davon. Was tun Sie?

A) Sie sagen sich: »Diese Sirenen sind so nervig. Wahrscheinlich läuft hier immer noch alles wie im Kommunismus.«
B) Sie brüllen den Leuten auf der Straße zu, sie sollen verdammt noch mal Ruhe geben, weil Sie schlafen wollen.
C) Sie gehen wieder ins Bett.
D) Sie packen Ihren Koffer.

Korrekte Antwort: D. Dieses Szenario ist natürlich hypothetisch, doch meine Schwester und ich haben 2002 in Prag genau das erlebt. Unsere Reaktion auf die allgemeine Panik war, sie ernst zu nehmen und schnell zum Flughafen zu fahren, um mit einem früheren Flug das Land zu verlassen. Bevor wir das Hotel verließen, warnten wir einige verkaterte Touristen, dass sie besser auch aufbrechen sollten, was mir sanften Spott einbrachte. Am Flughafen fanden wir allerdings heraus, dass Prag von der schlimmsten Flut seit 1890 betroffen war – man sprach schließlich von der Jahrhundertflut. Die ganze Stadt stand unter Wasser. Wir konnten Prag mit einem der letzten Flüge verlassen. Wenn wir auf die anderen Touristen gehört und das Ganze nicht ernst genommen hätten, hätten wir tagelang in einer fremden Stadt während einer Naturkatastrophe festgesteckt.

Sprachen wir Tschechisch? Nein. Wir haben aber früher in Ländern mit Lautsprechern auf der Straße gelebt, und wenn darüber Informationen in der ganzen Stadt verbreitet werden, dann gibt es dafür einen Grund – und das ist kein Brotverkauf in der örtlichen Bäckerei. Sondern es handelt sich immer um einen Notfall.

KAPITEL 5

Zwei Augen, zwei Ohren, ein Mund

Der Mensch hat zwei Ohren und eine Zunge,
damit er doppelt so viel hören kann, wie er spricht.[6]

Epiktet (circa 55–135), Handbüchlein

Sobald koreanische Kinder kommunizieren können, bringen ihre Eltern ihnen die Bedeutung von »Stillsein« bei: zuhören und beobachten, was andere Menschen tun. Drei Jahre alt zu sein ist keine Entschuldigung für fehlendes Nunchi. In Korea gibt es ein Sprichwort: »Was man sich mit drei Jahren angewöhnt hat, macht man mit achtzig immer noch.« Wenn zum Beispiel alle Leute auf einer Rolltreppe rechts stehen, muss das Kind verstehen lernen, dass es einen Grund dafür gibt – nämlich dass so Leute auf der linken Seite vorbeilaufen können, die es eilig haben. Seien Sie also nicht das eine unhöfliche Kind, das ahnungslos auf der linken Seite steht. Das Kind sollte die Situation erfassen, ohne dass die Eltern es ihm erklären müssen, da diese Art von Eigenständigkeit zur Nunchi-Erziehung gehört.

In Korea hält man nichts von der westlichen Einstellung, dass Kinder eben Kinder sind. Man bringt ihnen schon sehr früh bei, Verantwortung für das eigene Verhalten zu übernehmen.

In einer koreanischen Schule müssen die Schüler alles selbst erraten. Die Lehrer geben ihnen keine praktischen Listen mit Utensilien, die sie am nächsten Tag für ein kompliziertes Kunstprojekt mitbringen müssen. Sie sagen nur: »Wir basteln Lampenschirme«, und die Schüler müssen selbst erschließen, welche Materialien sie dafür brauchen. Wenn man nicht den richtigen Drahtschneider mitbringt, Pech gehabt; die Schule hat keine Werkzeuge, und selbst wenn, würde sie sie nicht ausleihen, weil ja der Schüler den Fehler gemacht hat.

Manchmal machen die Lehrer auch bewusst nur vage Angaben zu wichtigen Ereignissen, zum Beispiel, wo eine Prüfung stattfinden wird. Und was passiert? Seltsamerweise erscheint jeder mit dem richtigen Drahtschneider und im richtigen Prüfungsraum (selbst ich, die ich kein Koreanisch sprach), weil man allen von frühester Kindheit an beigebracht hat, sich Dinge selbst zu erschließen. Man kommt an Informationen, indem man die richtigen Menschen zum richtigen Zeitpunkt fragt und – was noch wichtiger ist – Augen und Ohren offen hält, um herauszufinden, wie sich die Leute um einen herum verhalten. Das lernt man durch frühe Nunchi-Erziehung.

Eltern in westlichen Ländern finden das vielleicht abschreckend. »Ich will doch keinen Lemming aufziehen! Ich versuche meinem Kind beizubringen, dass nur, weil alle anderen von einer Brücke springen, es das nicht auch tun muss.« Doch instinktiv wissen sie, dass größere Mengen von Leuten oft weise sind. Zum Beispiel haben alle New Yorker diese unausgesprochene Regel verinnerlicht: Wenn ein U-Bahn-Waggon leer, der

Zug an sich aber voll besetzt ist, dann gibt es einen Grund dafür. Meistens hat Urin etwas damit zu tun. Steigen Sie nicht ein. Die Masse hat nicht immer recht, im öffentlichen Nahverkehr kann man ihr allerdings vertrauen.

Jedes Mal, wenn man das Haus verlässt, nutzt man sein Nunchi. Unterbewusst entscheidet man damit, wen man nach dem Weg fragt – in der Londoner Tube fragt man denjenigen, der offensichtlich zur Arbeit fährt und diese Strecke daher schon unzählige Male gefahren ist, nicht den Touristen, der ratlos den Stadtplan mustert. Man benutzt sein Nunchi, um zu entscheiden, ob der Exzentriker neben einem im Bus sich nur für das Buch interessiert, das man gerade liest, oder ob er einem gleich seine Genitalien zeigen wird.

Vielleicht saßen Sie schon mal im Zug und haben laut Musik über Kopfhörer gehört. Deshalb ist Ihnen auch die Durchsage entgangen, dass der Zug wegen einer Signalstörung aufgehalten wird und nur an bestimmten Stationen hält. Ihr Nunchi sagt Ihnen jedoch, dass die anderen Passagiere sehr verärgert aussehen und sich aufgeregt miteinander unterhalten. Sie merken also, dass etwas Unerwartetes passiert ist.

Auch beim Autofahren braucht man Nunchi. Instinktiv wissen Sie, welche Fahrer Sie überholen lassen werden und welche Ihren Weg blockieren werden.

Beim Einkaufen beurteilen Sie mit Ihrem Nunchi, welche Kassenschlange sich am schnellsten bewegt. Vielleicht stellen Sie sich zuerst hinter jemandem mit wenig Waren im Einkaufswagen an, wechseln dann allerdings in eine andere Schlange, wenn Sie bemerken, dass diese wenigen Waren hundert Kinder-Überraschungseier sind, die alle einzeln gescannt werden müssen. Instinktiv meiden Sie die Schlange, in der der Kassierer kurz vor der Pause zu stehen scheint oder in der ein Kunde einen ganzen Stapel Coupons aus der Tasche zieht.

Wäre es nicht toll, wenn Nunchi in allen Lebensbereichen so leicht und natürlich funktionieren würde? Zum Glück lässt sich das ganz einfach erreichen; Sie müssen nur üben, genau hinzuschauen und hinzuhören.

Und wenn Sie das nicht tun? Nun, die Folgen können fatal sein, wie die vielen koreanischen Kinderbücher zeigen, mit Titeln wie *Das Kind ohne Nunchi* oder *Der Elefant ohne Nunchi*. Ich erspare Ihnen die Arbeit, die Bücher selbst zu lesen, und fasse kurz zusammen: Das Kind und der Elefant haben keine Freunde.

Man muss aber gar nicht mit moralisierenden koreanischen Kinderbüchern oder in brutalen koreanischen Schulen aufwachsen, um Nunchi zu lernen. Ich habe es für Sie in acht Regeln zusammengefasst.

Die acht Nunchi-Regeln

1. Leeren Sie Ihren Geist und befreien Sie sich von vorgefassten Meinungen, um urteilslos zu beobachten.
2. Seien Sie sich des Nunchi-Beobachtereffektes bewusst.

Wenn Sie einen Raum betreten, ändern Sie dessen Atmosphäre. Vergessen Sie Ihren Einfluss darauf nicht.

3. Denken Sie bei Ihrer Ankunft daran, dass die anderen sich schon länger in diesem Raum befinden. Beobachten Sie sie, um die Situation einschätzen zu können.
4. Lassen Sie nie eine gute Gelegenheit verstreichen, den Mund zu halten. Wenn Sie lange genug warten, werden Sie Antworten auf die meisten Ihrer Fragen bekommen, ohne etwas sagen zu müssen.
5. Manieren gibt es aus bestimmten Gründen.
6. Lesen Sie zwischen den Zeilen. Menschen sagen nicht immer, was sie denken, und das dürfen sie auch.
7. Wenn Sie unbeabsichtigt etwas falsch machen, ist das manchmal schlimmer, als wenn Sie mit Absicht gehandelt hätten.
8. Seien Sie geschickt, seien Sie schnell.

Regel 1:

Leeren Sie Ihren Geist.

Ein Zitat von Bruce Lee taucht regelmäßig als inspirierender Spruch in den sozialen Medien auf, und das zu Recht: »Leere deinen Becher, damit er von Neuem gefüllt werden kann.«

Wenn man einen Raum einschätzen will, sollte man ihn sich als Wasserbecken vorstellen, man selbst ist der Becher. Wie sollen Sie die Temperatur und den Geschmack des Wassers bestimmen, wenn der Becher bereits bis zum Rand gefüllt ist?

Wenn Ihr Kopf voller vorgefasster Meinungen über Menschen und Situationen ist, fällt es Ihnen viel schwerer zu sehen, was sich direkt vor Ihnen abspielt, und sich angemessen zu verhalten.

Amanda hat für einen multinationalen Konzern in London gearbeitet und wurde zu einem Empfang für Dan eingeladen, den Chef der New Yorker Niederlassung, der zu Besuch war. Amanda war noch nie in Amerika, fand aber, sie wisse aus Filmen und Serien sehr viel über das Land. Ihrer Meinung nach waren Amerikaner laut, aufdringlich und gingen sehr locker miteinander um.

Als sie schließlich bei Dan in einer kleinen Gruppe stand, wollte sie einen besonders guten Eindruck auf »den Amerikaner« machen und ignorierte, was um sie herum im Raum vorging. Dans Verhalten war überhaupt nicht locker; die meisten behandelten ihn sehr ehrerbietig. Als Dan also eine Anekdote mit erhobener Hand beendete, verstand nur Amanda die Situation vor dem Hintergrund ihrer Vorurteile und trat auf ihn zu, um ihn freundlich abzuklatschen – das wollte er ja sicher mit der erhobenen Hand andeuten. Seine schlaffe Hand und der entsetzte Gesichtsausdruck belehrten sie eines Besseren.

Die arme Amanda dachte, sie tat das Richtige: Niemand will einfach stehen gelassen werden, wenn er offensichtlich gerade einen High Five erwartet. Doch ihre Interpretation der Szene basierte auf den Ansichten, die sie in den Raum mitgebracht hatte, nicht auf den wahrnehmbaren Interaktionen um sie herum. Wenn sie sich darauf konzentriert hätte, die Anwesenden zu beobachten, dann hätte sie sich viel Peinlichkeit erspart.

Den Geist zu leeren kann alles bedeuten. Zwei Minuten die Augen zu schließen und sich auf seine Atmung zu konzentrieren, bevor man zu den anderen geht; sich in Erinnerung zu rufen, »im Raum zu bleiben«, wenn die Gedanken abzudriften drohen.

Überprüfen Sie vor einem sozialen Ereignis, wie es Ihnen geht. Im Englischen gibt es dafür eine Eselsbrücke, die Menschen mit Angstzuständen nutzen: HALT, was für *hungry, angry, lonely, tired* steht – hungrig, wütend, einsam, müde. Empfinden Sie gerade eines davon? Wenn ja, fragen Sie sich: »Wie sehr beeinflusst mich diese Empfindung dabei, wie ich den Raum betrete und was ich darin wahrnehme?« Vergessen Sie nicht das Sprichwort: »Wir sehen Menschen nicht so, wie sie sind; wir sehen sie so, wie *wir* sind.«

Auf lange Sicht können Techniken wie Meditation helfen, eine Situation neutral einzuschätzen, anstatt panisch auf sie zu reagieren.

Leeren Sie Ihren Geist, anstatt Ihren zu vollen Becher auf andere zu verschütten.

Regel 2:

Seien Sie sich des Nunchi-Beobachtereffektes bewusst.

In der Quantenphysik gibt es den Beobachtereffekt, der besagt, dass man Dinge allein durch ihre Beobachtung ändern kann. Das lässt sich auch auf jemanden übertragen, der einen Raum betritt: Man ändert allein durch seine Anwesenheit die Atmosphäre und muss daher keine große Show aufführen.

Ein Nunchi-Experte wird sagen, dass man statt eines großen Auftritts lieber den Raum ehren sollte, was uns zur ersten Nunchi-Regel zurückführt: Leeren Sie Ihren Geist.

Eine meiner liebsten jüdischen Alltagstraditionen ist das Küssen der Mesusa, wenn man ein Haus oder eine Wohnung betritt oder auch einzelne Räume. Eine Mesusa ist eine kleine Röhre oder ein kleiner Behälter, in dem ein winziges, zusammengerolltes Pergament steckt; er wird am rechten Türrahmen etwa auf Schulterhöhe angebracht. Auf dem Pergament steht das Schma-Jisrael-Gebet, das mit den Worten »Höre, Jisrael« (»Höre« erinnert an Nunchi!) beginnt und zwei Abschnitte aus der Tora beinhaltet: Deuteronomium 6,4–9 und 11,13–21. Indem man die Mesusa mit den Fingerspitzen küsst, ehrt man Gott, aber ich stelle es mir auch gern als eine Ehrung des Raums vor, als eine Begrüßung, die man auch durchführt, wenn dieser oder das Haus leer ist.

Die Mesusa ruft einem durch die Berührung die Bedeutung von innerer Ruhe ins Gedächtnis. Viele Religionen bedienen sich physischer Objekte, um die Gläubigen daran zu erinnern, aus der eigenen Gedankenwelt herauszutreten. Zum Beispiel Gebetsperlen, wie sie Katholiken, Muslime und Buddhisten verwenden. Der Tastsinn hat großen Einfluss auf Menschen, und aus diesem Bedürfnis heraus entstanden auch Talismane. Derartige physische Objekte sind die Verkörperung von Nunchi: Man nutzt alle seine Sinne, um sich auf die Welt einzulassen.

Unabhängig davon, ob Sie irgendeiner Religion angehören, empfehle ich Ihnen dringend, dass Sie sich einen Raum vorstellen, als hinge eine Mesusa am Türrahmen – Sie betreten ihn achtsam und bewusst und denken an etwas anderes als an sich selbst. Es muss nicht Gott sein, sondern einfach nur nicht Sie selbst.

Vor Jahren hatte ich eine reizende Kollegin, die ich hier Viola nennen möchte. Sie hat mich einmal zu einer kleinen Dinnerparty bei sich zu Hause eingeladen. Es war ein Freitag, und an diesem Abend war der Verkehr wegen eines Schneesturms eine einzige Katastrophe, weshalb ich zu spät kam. Sobald ich die Wohnung betreten hatte, sagte ich schon atemlos zu einer Gruppe von Leuten, die ich noch nie gesehen hatte: »O verdammt, es tut mir so leid, das Wetter ist echt übel!«

Alle sahen mich unbehaglich an.

Vor lauter Nervosität plapperte ich viel zu laut weiter: »Ich wäre viel früher hier gewesen, wenn ich nicht noch die Flasche Wein hier hätte kaufen müssen, und die Schlange an der Kasse war endlos, und dann bin ich den ganzen Weg hierher gerannt, und jetzt bin ich völlig außer Atem, ich klinge ja völlig asthmatisch. Hoffentlich mögt ihr alle Sancerre?«

Alle schwiegen. Ich versuchte, die anderen Gäste durch mehr Gebrabbel für mich zu gewinnen. Sie waren unglaublich höflich, aber ich spürte, dass etwas nicht stimmte.

Am Montag klärte mich Viola in der Arbeit dann auf. Kurz bevor ich am Freitagabend in die Runde geplatzt war, hatte eine der Anwesenden erzählt, dass sie an inoperablem Bauchspeicheldrüsenkrebs erkrankt war, sich keiner Chemo unterziehen würde und nur noch ein paar Wochen oder Monate zu leben hatte. Das Letzte, was sie vor meinem lautstarken Auftritt gesagt hatte, war offensichtlich: »Ich konzentriere mich jetzt auf meine Lebensqualität und darauf, Erinnerungen für meinen Ehemann zu schaffen.«

Tja, ich wurde wohl auch zu einer dieser Erinnerungen.

Natürlich hatte ich das nicht wissen können. Viola erzählte mir das alles auch ohne Vorwürfe. Ich entschuldigte mich beschämt dafür, dass ich mit meiner endlosen Erzählung in diese Situation hereingeplatzt war, und sie sagte: »Mach dir keine Gedanken! Das hättest du doch nicht wissen können. Ich wollte es dir nur jetzt erzählen.«

Aber mir war klar, dass Viola mich nie wieder einladen würde.

Jetzt denken Sie vielleicht: »Hm, Euny, das lief tatsächlich nicht sehr gut, aber Sie haben nichts falsch gemacht. Wenn die anderen das nicht verstehen, dann sind sie ungerecht.«

Das stimmt schon, ich habe nichts »falsch« gemacht, aber Absicht ist nicht gleich Wirkung. Die anderen Gäste assoziierten mich mit einer schlechten Stimmung, und wahrscheinlich fühlten sie sich deswegen auch schuldig, aber es ist schwer, die ganze Situation unbelastet zu sehen.

WIE ICH MEIN NUNCHI HÄTTE EINSETZEN SOLLEN

Trotz meiner Verspätung gab es keinen Grund, warum ich nicht zuerst den Raum hätte ehren sollen, bevor ich die Schwelle überschritt. Ich hatte ja schließlich keine Transplantationsorgane dabei; ich hätte mir ein paar Sekunden Zeit für mein

»Nunchi-Raumritual« nehmen können. Das heißt, erst einmal ruhig die Atmosphäre des Raums analysieren, statt sie sofort zu verändern wie ein aufgedrehter Pizzalieferant. Als ich später zu Hause im Geiste meine Erinnerungen an den Abend durchging, fiel mir Folgendes auf:

- Als Violas Mann die Tür öffnete, flüsterte er sehr leise »Willkommen«, was mir hätte sagen müssen, dass etwas nicht in Ordnung war. Oder ich hätte *zumindest* mein Nunchi einschalten sollen, um wahrzunehmen, ob vielleicht gleich etwas Unvorhergesehenes passieren würde.
- Als ich den Raum betrat, waren alle ernst – seltsam bei einer Dinnerparty. Ich nahm an, dass sich alle über meine Verspätung ärgerten, denn ohne Nunchi denkt man ja, es ginge immer nur um einen selbst.
- Die todkranke Frau aß und trank nichts.
- Der Mann neben ihr hielt ihre Hand mit seiner fest umklammert.

Das ist ein typischer Fehler, wenn man sein Nunchi nicht einschaltet. Ich war so mit meiner eigenen Situation beschäftigt, dass ich mir sicher war, dass alle anderen auch nur daran dachten. Ich wollte ihnen klarmachen, dass ich nicht einfach rücksichtslos war. Erreicht hatte ich das Gegenteil.

Regel 3:
Denken Sie bei Ihrer Ankunft daran, dass die anderen sich schon länger in diesem Raum befinden. Beobachten Sie sie, um die Situation einschätzen zu können.

Wenn Sie einen Drachen fliegen lassen, können Sie ihn nicht einfach in die Luft werfen und erwarten, dass er wie ein anmutiger Habicht davonschwebt. Sie müssen zuerst überprüfen, aus welcher Richtung der Wind weht – üblicherweise mit einem angefeuchteten Zeigefinger, oder Sie beobachten die Bäume und das Gras um sich herum. Nunchi funktioniert auf genau dieselbe Weise. Und denken Sie daran, dass der Wind sich ändert, wenn er es möchte, nicht wenn *Sie* es wollen.

Mit schnellem Nunchi können Sie sofort erfassen, was in dem Raum vor Ihnen vor sich geht, und Ihre Einschätzung kontinuierlich anpassen. Situationen können sich blitzschnell ändern – selbst auf einer Beerdigung wird gelacht, wofür viele sehr dankbar sind –, deshalb bleiben Sie aufmerksam und richten sich danach, was gerade passiert, und nicht nach dem, was Ihrer Meinung nach passieren sollte. Bei manchen irischen Totenwachen erzählen die Anwesenden lustige Geschichten über die Verstorbenen. Das heißt aber nicht, dass man bei einer irischen Beerdigung Witze darüber machen darf, wie die alte Dame, Gott sei ihrer Seele gnädig, sich noch vor ihrem siebzehnten Geburtstag durch das halbe Dorf geschlafen hat. Man sollte seine Anwesenheit im Raum rund und glatt gestalten, wie James' Riesenpfirsich.

Ich habe einmal eine Geschichte über die Queen gehört, die

sie als Meisterin des schnellen Nunchi zeigt, auch wenn sie den Begriff nie gehört hat. Bei einem Bankett im Buckingham Palace nahm ein ausländischer Würdenträger eine Schale mit Wasser, die zum Waschen der Hände gedacht war, und trank daraus. Die anderen Gäste um ihn herum schnappten indigniert nach Luft wegen dieses gesellschaftlichen Fehltritts, doch um ihm die Verlegenheit zu ersparen, nahm die Queen einfach ihre eigene Schale und trank ebenfalls daraus. Andere taten es ihr nach.

Die Queen demonstrierte außergewöhnliches Nunchi: Sie hätte dem Gast höflich vermitteln können, dass das Wasser nicht zum Trinken vorgesehen war, doch stattdessen erkannte sie, dass die Situation ihn in Verlegenheit bringen könnte, und unternahm sofort etwas dagegen. Diejenigen, die ebenfalls aus den Schalen tranken, bewiesen auch schnelles Nunchi: Sie ignorierten ihr Wissen, dass das Trinken aus einer Handwaschschale gesellschaftlich nicht akzeptabel war, weil sie spürten, dass es in dieser speziellen Situation nötig war.

Achten Sie darauf, wann sich der Wind drehen könnte, und drehen Sie sich mit, um die Harmonie im Raum als Ganzes aufrechtzuerhalten.

Damit meine ich nicht, Sie sollten etwas tun, von dem Sie wissen, dass es falsch ist, nur weil alle anderen es tun. Es widerspricht jeglichem Nunchi, sich Mobbing oder Schikanen oder anderen unsozialen Verhaltensweisen anzuschließen, sollten sich diese gerade im Raum abspielen.

Regel 4:

Lassen Sie nie eine gute Gelegenheit verstreichen, den Mund zu halten.

> Man sollte seine Zunge sieben Mal im Mund drehen,
> bevor man spricht.
>
> *Französisches Sprichwort*

> Worte haben Beine.
>
> *Meine Mutter*

Als ich in Korea zur Schule ging, stellte niemand im Unterricht, Fragen. Es war nicht verboten; es hat nur niemand gemacht. Man hätte es als eigensüchtige Unterbrechung interpretiert. Warum den Unterricht verkürzen und allen etwas von ihrer Ausbildungszeit stehlen, nur um etwas für sich selbst zu klären?

Auf die meisten Menschen im Westen wirkt das schockierend; oft denken die Leute, ich übertreibe. Aber betrachten wir es mal so: Damals hatte jede Klasse sechzig Schülerinnen und Schüler. Wenn also nur zehn Prozent Fragen gestellt hätten, wäre kein Unterricht möglich gewesen. Ja, vielleicht hätte die Antwort auf die Frage auch andere interessiert, aber sehr wahrscheinlich hätten die Schüler mehr gelernt, wenn man den Lehrer einfach hätte weitermachen lassen.

Und wenn man nach dem Unterricht noch eine Frage stellen wollte? Das war kein Problem: Man konnte zwischen den Unterrichtsstunden oder nach der Schule mit den Lehrern sprechen. Darin bestärkten sie uns auch und nahmen sich dafür viel Zeit.

Unter anderem weil im Unterricht keine Fragen gestellt werden, entwickeln koreanische Kinder so schnell ihr hervorragendes Nunchi.

Als zwölfjähriges amerikanisches Mädchen war das ein riesiger Kulturschock für mich. Doch ich lernte zwei Lektionen, die wertvoller als Gold waren: 1) Wenn man lange genug wartet, werden die meisten Fragen beantwortet. 2) Man lernt mehr durch Zuhören als durch Sprechen.

Denken Sie nur an Ihre Bürومeetings: Viele Menschen stellen Fragen, um anzugeben oder sich beim Chef einzuschleimen oder einfach ihre Teilnahme zu demonstrieren. Bekommen diejenigen, die in Meetings die meisten Fragen stellen, automatisch Respekt oder Bonusse? Nun, das kommt darauf an. Manchmal zeigen viele Fragen, dass man sich mit dem Thema beschäftigt, doch manchmal bringen einem dieselben Fragen auch schiefe Seitenblicke der Kollegen ein, die nur noch daran denken, dass es halb ein Uhr mittags ist und die Schlange beim Imbiss um die Ecke immer länger wird. Analysieren Sie den Raum und überlegen Sie sich, welche Fragen Sie unbedingt stellen müssen, vor allem kurz vor der Mittagspause.

Im einundzwanzigsten Jahrhundert wird vor allem im Westen – und ganz besonders in den englischsprachigen Ländern – viel Wert auf Lautstärke gelegt. Zurückhaltung gilt als Beta-Verhalten. Ich finde das albern und widersprüchlich, da wir gleichzeitig das Stereotyp des »schweigenden, starken Mannes« zelebrieren, wie Cowboys oder Soldaten.

Jeder, der in Verhandlungen geschult ist, wird Ihnen sagen,

dass einem Schweigen einen enormen Vorteil verschafft. Wir hören nur nicht mehr über Stille, weil ruhige Menschen per Definition nicht damit angeben, wie toll es ist, ruhig zu sein. Sie werden kaum sagen: »Durch mein Schweigen gibst du mehr von dir preis, und genau das will ich.« Nunchi ist besser als Nachsicht. Bei Verhandlungen kann der Introvertierte zeigen, wer eigentlich die Zügel in der Hand hält.

Stellen Sie sich vor, Sie haben sich in ein Haus verliebt und wollen es unbedingt kaufen. Sie wollen es natürlich für den niedrigsten Preis, während Verkäufer und Makler auf den höchsten aus sind.

Der Makler fragt, ob Sie Kinder haben. Wenn Sie ein Nunchi-Ninja sind, haben Sie vielleicht schon erraten, dass der Makler Ihnen sagen will, dass das Haus deswegen so teuer ist, weil sich gute Schulen in der Nähe befinden. Oder vielleicht wissen Sie nicht, worauf die Frage abzielt, aber selbst mit Ihrem Mini-Nunchi ist Ihnen klar, dass Sie so wenig wie möglich preisgeben sollten. Schweigen Sie fünf Sekunden lang – auch wenn Ihnen das wie eine Ewigkeit erscheinen wird – und antworten dann einfach: »Warum wollen Sie das wissen?«

Selbst wenn der Makler ohne Hintergedanken agiert und einfach nur neugierig ist, ist Ihre verbale Zurückhaltung eine gute Strategie. Wenn Sie Ihr Gegenüber damit nervös gemacht haben, sind Sie für den Rest der Verhandlung in der stärkeren Position.

Sagen wir, Ihr erster Instinkt war richtig, und der Makler antwortet: »Ich frage nur, weil es hier in der Gegend ausgezeichnete Schulen gibt und Sie deshalb einen höheren Kaufpreis zahlen würden.« Vielleicht sind Ihnen die Schulen wirklich wichtig, doch das heißt nicht, dass Sie dem Makler deshalb eine höhere Provision verschaffen müssen. Sie müssen einfach nur sagen: »Ich verstehe.«

An diesem Punkt wird sich der Makler langsam Sorgen machen. Ihre extreme Wortkargheit vermittelt ihm, dass er Sie nicht einwickeln können wird, weshalb ihm nur noch bleibt, den Kaufpreis zu senken.

Es kann natürlich sein, dass diese Taktik bei diesem speziellen Haus nicht funktioniert. Der Besitzer beharrt vielleicht auf dem ursprünglichen Preis, und das ist nicht Ihre Schuld. Aber es ist trotzdem ein Sieg, weil der Makler jetzt weiß – bewusst oder unbewusst –, dass man Sie nicht leicht beeindrucken kann. Wenn Sie von Anfang an stoisch auftreten, sind Sie in einer viel stärkeren Position bei allen weiteren Häusern, die Ihnen der Makler noch zeigt. Und im schlimmsten Fall haben Sie nichts zu verlieren.

Seien Sie stark und schweigsam. Der lauteste Verhandlungspartner ist nicht immer der Gewinner. Die Menschen kommen zu Ihnen, wenn Sie ruhig bleiben.

Regel 5:

Manieren gibt es aus bestimmten Gründen.

Wer nichts auf Nunchi gibt, findet auch, dass Tischmanieren nur hochnäsige Fallen sind, die die Oberklasse erfunden hat, um die unteren Klassen bloßzustellen. Das ist grundlegend falsch. Wenn Sie das wirklich glauben, besuchen Sie mich bloß nie.

Manieren dienen zwei Zwecken:

1. Die hohe Kunst der Manieren verleiht einem Raum Sicherheit, genau wie Regeln im Sport. Es mag nerven, darauf zu warten, dass alle sitzen, oder seine Suppe zu löffeln, ohne zu spritzen, doch man muss nur daran denken, dass andere sich dadurch wohlfühlen. Sofort herrscht eine Atmosphäre der Ruhe und Stabilität im Raum.
2. Manieren bilden ein Spielfeld für Gäste. Dieses ist vielleicht nicht ausgeglichen, doch es ist eine Einladung, sich gemeinsam in diesem Raum aufzuhalten und gesunde Grenzen zu schaffen.

Tischmanieren unterscheiden sich von Kultur zu Kultur, und keiner erwartet, dass Sie alles wissen. Aber man wird auf jeden Fall erwarten, dass Sie Ihr Nunchi benutzen – ob man den Begriff nun kennt oder nicht.

Nehmen wir als Beispiel Brotteller. Sarah nahm ihren neuen Freund Magnus mit zu einem Essen mit alten Freunden. Er legte Brot auf den kleinen Teller zu seiner Rechten. Seine Freundin, die links von ihm saß, flüsterte ihm zu: »Schatz, dein Brotteller steht links von dir. Das ist nicht deiner.« Doch Magnus war zu verlegen – und demonstrierte damit schlechtes Nunchi –, um auf sie zu hören, und vergrößerte seinen Fehler nur noch, indem er weitere Scheiben auf den Teller legte und diese dick mit Butter bestrich.

Das Problem ist nur: Wenn man den falschen Brotteller benutzt, hat jemand anderes keinen mehr. Die Frau auf seiner rechten Seite sah ihn betreten an und meinte: »Entschuldigung, aber könnte es sein, dass du gerade meinen Brotteller benutzt?« Magnus beschwerte sich dann den ganzen Abend leise darüber, wie überheblich Sarahs Freunde ihm gegenüber waren.

Ja, sein Fehler war unbeabsichtigt, doch er hätte beobachten können, wie sich die anderen Gäste verhalten, und sich danach richten können. Magnus' Irrtum ist nicht mit dem Fauxpas des ausländischen Würdenträgers vergleichbar, der aus der Schüssel trank, denn dieser brachte erst einmal nur sich selbst in Verlegenheit, wohingegen Magnus' Unvermögen, sein Umfeld zu erfassen, auch jemand anderen in Mitleidenschaft zog.

Manieren gibt es, damit sich alle wohlfühlen – und nicht, damit man sich anderen überlegen fühlt, weil man es besser weiß. Andere Anwesende laut zurechtzuweisen, wie man sich an einer Dinnertafel richtig verhält, ist ganz schlechtes Nunchi.

Regel 6:

Lesen Sie zwischen den Zeilen.

Ein Freund hat mir einmal gesagt: »Wenn du wissen willst, was jemand wirklich sagt, dreh die Lautstärke herunter.« Das klingt wie ein Widerspruch, ist es aber nicht. Es bedeutet: Verstehen Sie die Worte eines Menschen nicht als genaue Wiedergabe seiner Gedanken. Analysieren Sie den Kontext, die nonverbalen Hinweise. Gehen Sie also nicht nach dem äußeren Anschein. Oft sind die Aussagen anderer Menschen genau das – ein Schein.

Vielleicht glauben Sie, dass alle es Ihnen schuldig sind, genau das zu sagen, was sie denken, aber das stimmt nicht. Koreaner würden das für Arroganz halten. Manchmal muss man einfach Gedanken lesen, und mit gutem Nunchi ist das auch nicht so schwer, wie es klingen mag.

Sie haben sich zum Beispiel bereit erklärt, Flüchtlinge aus einem Kriegsgebiet bei sich zu Hause aufzunehmen. Zuerst ist alles wunderbar: Die Neuankömmlinge sind höflich und ruhig, ordentlich und aufmerksam, sie waschen ab, und Sie hören – auch wenn Sie die Sprache nicht verstehen –, dass die Eltern ihre Kinder zurechtweisen, wenn sie nach acht Uhr abends zu laut sind. Wenn Sie lesen oder am Computer arbeiten, verhält sich die Familie ruhig.

Eines Tages fragt die Mutter: »Essen in diesem Land viele Menschen Schweinefleisch, so wie Sie?« Sie antworten: »Wer es mag, ja.« Sie halten das für eine seltsame Frage, haken aber nicht nach, auch wenn Ihr Nunchi Ihnen das hätte sagen sollen.

Später stellt der Vater dieselbe Frage: »Essen die Menschen in diesem Land jeden Tag Schweinefleisch?« Wieder geben Sie nur eine nichtssagende Antwort, anstatt weiter nachzufragen. Erst einen Monat später wird Ihnen klar, dass Ihre Gäste Muslime sind und aus religiösen Gründen kein Schweinefleisch essen dürfen. Und doch haben sie es jedes Mal gegessen, wenn Sie es ihnen vorgesetzt haben, weil sie ihrem Gastgeber gegenüber nicht unhöflich sein wollten.

Sie sind vielleicht erschrocken oder denken: »Himmel, warum haben sie es mir nicht einfach gesagt? Lediglich zu fragen, ob die Einheimischen hier Schweinefleisch essen, ist so passiv-aggressiv! Bin ich ein Hellseher oder was?«

Doch wenn Sie gutes Nunchi hätten, wären Ihnen unzählige Hinweise darauf aufgefallen, dass man in der Kultur, aus der die Familie stammt, immer sehr indirekt vorgeht. Ihre sorgfältige Rücksichtnahme auf Sie hätte Ihnen zeigen müssen, dass sie es gewohnt sind, dass Menschen etwas tun, ohne dass man sie extra darum bittet. Ihr ganzes Verhalten hätte Ihnen sagen müssen, dass ihnen die Rücksicht auf andere Menschen wichtiger ist als direkte Kommunikation. Also ja, in diesem Fall hätten Sie Gedanken lesen oder zumindest Ihrem Instinkt folgen sollen, direkt zu fragen, warum sie sich so für den Verzehr von Schweinefleisch in diesem Land interessierten.

Wenn Sie sich bei dem Gedanken ertappen: »Verdammt, ich bin doch kein Hellseher«, ist das ein Zeichen, dass Sie Ihr Nunchi noch etwas aufpolieren können.

Regel 7:

Wenn Sie unbeabsichtigt etwas falsch machen, ist das manchmal schlimmer, als wenn Sie mit Absicht gehandelt hätten.

Wenn Ihr mangelndes Nunchi schlechte Stimmung erzeugt, bringt es Ihnen auch nichts, dass Sie das gar nicht wollten. Nunchi ist nicht wie einer dieser Wettbewerbe, bei denen jeder einen Preis bekommt, unabhängig vom Ergebnis.

Karen zum Beispiel hat sich viel mit Gesundheit und Wellness beschäftigt und jedem davon erzählt. Sie fühlte sich dank Intervallfasten und Gewichttraining großartig und wollte – mit der bestmöglichen Absicht –, dass es allen anderen ebenso gut ging wie ihr. Karen wollte also jeden in ihren Bemühungen unterstützen, wenn sie merkte, dass er gesünder zu leben versuchte.

»Hey, hast du abgenommen? Du siehst echt toll aus!«

»Hast du viel Blattgemüse gegessen? Deine Haut strahlt ja so!«

»Wenn du einen Trainingspartner im Fitnessstudio suchst, dann helfe ich dir gern, deine Oberkörpermuskulatur zu stärken.«

Erst nach einer Weile hat Karen gemerkt, dass ihre Freunde ihr aus dem Weg gingen. Ihre Konzentration auf ihr eigenes Gesundheitsprogramm hatte sie blind dafür gemacht, wie unangenehm ihre »positive Bestärkung« auf andere wirkte. Wenn sie dachte, sie würde andere anfeuern, empfanden diese das nur als Kritik an ihren Lebensgewohnheiten.

Pro-Tipp: Andere zu fragen, ob sie abgenommen haben, offenbart fast immer richtig schlechtes Nunchi. Der Gewichtsverlust ist vielleicht stress-, krankheits- oder trauerbedingt, und es ist nicht angemessen, die Aufmerksamkeit darauf zu lenken. Wenn Sie schon etwas sagen müssen, wird »Du siehst toll aus!« eigentlich immer als Kompliment verstanden.

Genauso wie Unkenntnis des Gesetzes vor einem Richter keinen Bestand hat, ist der Mangel an Aufmerksamkeit auch keine Entschuldigung für einen Nunchi-Master. Unachtsamkeit bedeutet schwaches Nunchi.

Ein Vorteil der Verbesserung des eigenen Nunchi liegt darin, dass Sie sehr viel seltener jemanden unbewusst verletzen werden.

Regel 8:

Seien Sie geschickt, seien Sie schnell.

Wie wir schon festgestellt haben, sagen Koreaner nicht, jemand habe »gutes Nunchi«, sondern »schnelles Nunchi«. Der Ausdruck »Eile mit Weile« trifft hier nicht zu. Wenn man zu langsam ist, hilft es einem manchmal auch nicht, recht zu haben.

Wenn ich überlege, welche Figuren in Film und Literatur das schnellste Nunchi haben, fallen mir »gebrochene« Charaktere ein. Überdurchschnittlich viele Nunchi-Ninjas sind Waisen: Tom Sawyer, Becky Sharp aus Thackerays *Jahrmarkt der Eitelkeit*, die Geschichten um Dick Whittington, der Protagonist aus dem Film *Slumdog Millionär*, der eine Quizshow gewinnt, und der kleine Straßenjunge und Spion Gavroche aus *Die Elenden* von Victor Hugo. (Seine Eltern leben zwar, aber könnten ebenso gut tot sein.) Hier wird das Bild geprägt, dass die harten Lebensbedingungen die Sinne der Waisen schärfen, wodurch sie ihr Leben verbessern können, was zu dem passt, was Koreaner über Nunchi sagen: Es ist die Geheimwaffe der Benachteiligten.

Tom Sawyer zum Beispiel benutzt sein Nunchi, um sich vor der verhassten Aufgabe, Tante Pollys Zaun zu streichen, zu drücken. Er setzt sehr erfolgreich umgekehrte Psychologie ein und überzeugt seine Freunde davon, dass er hier etwas ganz

Tolles macht und sie etwas verpassen. So bringt er sie dazu, seine Arbeit zu übernehmen. Auch wenn das ein Beispiel dafür ist, dass Nunchi für etwas Schlechtes eingesetzt wird, rettet dasselbe schnelle Nunchi Tom und seinen Freunden im Lauf des Buches das Leben. Am Ende ihrer Abenteuer bringt Tom mithilfe seines schnellen Nunchis Huck Finn dazu, nicht vom rechten Weg abzuweichen.

Gavroche bettelt nicht einfach nur um Essen auf den Straßen von Paris, er steigert sich dank seiner Gewitztheit sogar von verbranntem Brot zu Weißbrot. Mit seinem Nunchi kann er immer wieder hinter Fassaden blicken, weshalb er mit elf Jahren zu den Augen und Ohren einer antimonarchistischen Revolutionsgruppe wird. Als der böse Inspektor Javert versucht, die Gruppe zu infiltrieren, indem er sich als einer von ihnen ausgibt, erkennt Gavroches Adlerauge, dass Javert heraussticht, und schlussfolgert korrekt, dass dieser ein Spion sein muss.

Nunchi üben

Sagen wir, Sie treffen sich mit Ihrer besten Freundin in Ihrem Lieblingscafé. Es ist voll, und Sie überlegen, wo der nächste Tisch frei werden könnte. Sie beide sagen vielleicht Dinge wie: »Oh, der Typ da drüben sieht so aus, als ginge er gleich … Ach, vergiss es, er hat sich nur anders hingesetzt.« Oder: »Der Tisch, der da drüben! ... Nein, auch nicht, sie ist nur aufgestanden, um Zucker zu holen.«

Wenn Sie und Ihre Freundin oft gemeinsam ins Café gehen, ist Ihnen vielleicht schon aufgefallen, dass eine von Ihnen immer bemerkt, welcher Tisch als Nächstes frei wird, und die andere sehr viel langsamer ist. Diejenige, die den besten Riecher für frei werdende Tische hat, hat ein besseres Nunchi.

Ein echter Nunchi-Ninja besitzt die verblüffende Fähigkeit, menschliches Verhalten vorherzusagen.

Quiz

Wer der folgenden Gäste wird das Café wahrscheinlich zuerst verlassen und damit für Sie den Tisch freigeben?

A) Das Pärchen, das einander verliebt in die Augen starrt.
B) Der Hipster mit den Geräusche unterdrückenden Kopfhörern, um dessen Laptop drei leere Kaffeebecher stehen.
C) Zwei Menschen in Businesskleidung, die angespannt wirken.
D) Eine Gruppe junger Mütter mit Babys und Kinderwagen.

Wenn Sie C wählen, haben Sie recht, wenn nichts Unvorhergesehenes geschieht. Wahrscheinlich sind die beiden Kollegen und machen gerade Pause. Sie sind nicht ernsthaft befreundet und wollen nur schnell weg von hier. Auf das verliebte Pärchen sollten Sie nicht hoffen, auch wenn es seine Gläser und Tassen geleert hat. Wahrscheinlich werden sie noch ein Dessert oder etwas zu trinken bestellen, und Sie können nicht vorhersagen, wann sie gehen werden. Im Fall B stimmt es zwar, dass Gäste, die allein sind, normalerweise nicht lange bleiben, doch wenn sie vor einem Laptop sitzen und arbeiten, haben Sie Pech. Und D? Sind Sie verrückt? Haben Sie eine Ahnung, wie lange eine Gruppe braucht, die Babys in den Kinderwagen zu verstauen und eine nach der anderen das Café zu verlassen?

KAPITEL 6

Vertrauen Sie Ihrem ersten Eindruck

Wenn Menschen einem zeigen, wer sie sind, glaube ihnen.

Maya Angelou

Die ganze Welt ist Bühne,
und alle Fraun und Männer bloße Spieler.
Sie treten auf und gehen ab,
sein Leben lang spielt einer manche Rollen.

William Shakespeare, Wie es euch gefällt, Akt II, Szene VII

Als junge Frau wurde Robyn von einem Filmproduzenten interviewt, der ihr Hilfe bei ihrer Karriere in Aussicht stellte. Er war bekannt in der Branche, und ihre Freunde und Familie hielten sie für verrückt, als sie sein Jobangebot ablehnte, weil ihr der Mann bei dem Gespräch unangenehm gewesen war. Damals konnte sie das Gefühl nicht richtig in Worte fassen; sie wusste nur, dass er eine Zeit lang auf seinem Schreibtisch gesessen hatte, was für sie ein Zeichen war, dass er gern Grenzen überschritt, so unwichtig sie auch sein mochten. Während Robyn in den nächsten Jahren an ihrer Karriere arbeitete, fragte sie sich, ob sie damals die richtige Entscheidung getroffen hatte, das Jobangebot abzulehnen, das ihr viele Türen geöffnet hätte. Viele Jahre später entpuppte sich Mr Widerlich als einer der hochrangigen Männer, die im Zuge der #MeToo-Bewegung ihren Job verloren.

Robyn hatte exzellentes Nunchi. Auch wenn sie unbedingt im Filmbusiness arbeiten wollte, hat sie deshalb nicht ihren ersten Eindruck ignoriert, dass man diesem Mann nicht trauen konnte. Entgegen dem Rat ihrer Freunde und Familie vertraute sie auf ihr Bauchgefühl, und heute ist sie davon überzeugt, die richtige Entscheidung getroffen zu haben.

Menschen erzählen einem bei der ersten Begegnung viel über sich selbst, auch wenn sie kein Wort sagen. Nunchi kann beim Zuhören helfen, aber nur, wenn Sie Regel 1 beachten: Leeren Sie Ihren Geist. Wenn Sie sich von Ihren Erwartungen befreien, wie eine Situation ablaufen sollte, werden Sie verstehen, *was tatsächlich passiert.*

Einer der derzeit populärsten True-Crime-Podcasts, *Dirty John,* behandelt den Fall Debra Newell, eine 59-jährige geschiedene Frau aus Kalifornien, die 2014 den umwerfenden Arzt John Meehan kennenlernte. Nach nur zwei Monaten Beziehung heirateten sie. Debras älteste Tochter Jacquelyn, ein echter Nunchi-Ninja, wusste vom ersten Moment an, dass mit John etwas nicht stimmte. Ein deutlicher Hinweis? John trug auch außerhalb des Krankenhauses OP-Kleidung, überall. Jacquelyn fragte sich, warum darauf nie Blut oder andere Körperflüssigkeiten zu sehen waren, wenn er doch offensichtlich gerade von einer OP kam, und versuchte, ihre Mutter zu warnen. Aber Debra hört nicht auf Jacquelyn.

Wie Sie vermutlich schon erraten haben, fanden die Newells heraus, dass John kein Arzt war, sondern ein Pfleger, dem man wegen Medikamentendiebstahls aus Krankenhäusern die Zulassung entzogen hatte. Sie fanden weiterhin heraus, dass er von Opioiden abhängig war, dass er eine kilometerlange Akte bei der Polizei hatte und dass er ohne festen Wohnsitz war, als er Debra kennenlernte. Als sie versuchte, sich von ihm scheiden zu lassen, bedrohte er sie und ihre Familie. Debra wurde John erst los, als er bei dem Versuch, Debras jüngste Tochter Terra zu erstechen, von dieser in Notwehr getötet wurde.

Dieser Fall versammelt sowohl Menschen ohne Nunchi (Debra) als auch Menschen mit schnellem Nunchi (die beiden Töchter). Debras Angst, den Rest ihres Lebens allein verbringen zu müssen, ließ sie glauben, dass John ihre »letzte Chance« auf Liebe war. Diese Furcht war so groß, dass sie die deutlichen Hinweise darauf, dass John sie belog, nicht akzeptieren konnte. So war sie nicht nur blind für eindeutige Beweise, sondern konnte auch den Warnungen ihrer Töchter keinen Glauben schenken.

Es ist frustrierend für Nunchi-Ninjas wie Jacquelyn und Terra, dass ihnen niemand glaubt, bis es zu spät ist. Der Streit zwischen der Mutter und den Töchtern – woraufhin sie sich voneinander entfremdeten – rührte von der Unstimmigkeit über die uralte Frage her: »Soll man dem ersten Eindruck vertrauen, oder ist das eine unfaire Vorverurteilung?«

Wenn Sie glauben, Nunchi sei reines Vorurteil, denken Sie noch einmal darüber nach und fragen sich stattdessen, welche Vorurteile Ihrem Nunchi im Weg stehen könnten.

Dem ersten Eindruck sollte man vertrauen

Menschen nehmen oft ihren ersten Eindruck von jemandem nicht ernst, weil die Gesellschaft uns lehrt, gnädig zu sein und jedem erst einmal einen Vertrauensbonus zu gewähren. Nun, ich sage, dass die Gesellschaft hier falschliegt.

Die Zivilisation ist erst ein paar Tausend Jahre alt, Sie selbst sind wahrscheinlich erst ein paar Jahrzehnte auf der Welt. Die Überlebensinstinkte dagegen haben sich im Lauf von Millionen von Jahren entwickelt und sind fest in der DNA verankert. Was ist dann wohl verlässlicher?

Ich höre Ihre Einwände. Menschen zu sagen, sie sollen auf ihren ersten Eindruck vertrauen, scheint die gesamte zivilisierte Erziehung über den Haufen zu werfen. Es ist politisch nicht korrekt. Basieren rasch gefällte Urteile nicht oft auf Rassismus, Sexismus und anderen Formen von Intoleranz?

Natürlich gibt es das. Natürlich empfinden Menschen oft andere als bedrohlich, einfach nur, weil sie sie völlig unfair nach Rasse, Klasse, Religion oder sexueller Orientierung beurteilen. Daher betone ich es ausdrücklich: Das ist kein Nunchi, sondern Intoleranz. Ich würde sogar sagen, dass Nunchi das genaue Gegenteil von Intoleranz ist, weil es die ganze Zeit von einem fordert, die eigenen vorgefassten Meinungen infrage zu stellen.

Ein unfaires Vorurteil ist etwas, an dem man starrsinnig festhält, völlig egal, welche Gegenbeweise man bekommt. Vorurteile sind unbeweglich und passen sich nicht an sich verändernde Umstände an. Doch ein Nunchi-basierter erster Eindruck ist etwas anderes. Man erwirbt ihn, indem man sein Nunchi einsetzt, bevor man irgendetwas anderes tut.

Vorurteile liegen oft falsch. Nunchi dagegen äußerst selten.

Um Sherlock Holmes zu zitieren: »Tatsachen! Tatsachen!«[7]

Wenn man einen Menschen, eine Arbeitsstelle oder eine neue Situation wirklich kennenlernen will, sind viele Informationen unerlässlich. Doch es ist sinnlos, diese einfach nur zu sammeln, wenn man sich vorher nicht eine Nunchi-basierte erste Meinung gebildet hat. Sonst sammelt man am Ende die völlig falschen Informationen.

Eine Nunchi-Hypothese ist nötig, die die gesammelten Daten entweder bestätigt oder verwirft.

Stellen Sie sich vor, Sie haben eine neue Stelle angetreten und treffen einen Kollegen, der Ihnen immer wieder erzählt, wie toll und erfolgreich er doch ist und wie sehr er von Ihrem gemeinsamen Vorgesetzten geschätzt wird. Auf den ersten Blick wirkt der Mann wie ein unerträglicher Angeber, und das könnte auch zutreffen, doch Sie könnten diesen Nunchi-basierten ersten Eindruck vertiefen und sich fragen, warum er einem neuen Teammitglied all das erzählen muss.

Hier sollte man Regel 3 anwenden: Denken Sie bei Ihrer Ankunft daran, dass die anderen sich schon länger hier befinden. Beobachten Sie sie, um die neue Arbeitsumgebung besser einschätzen zu können.

Vielleicht hören Sie zufällig, wie jemand in der Büroküche sagt: »Für wen zum Teufel halten sich diese Neulinge, die das ganze Kokoswasser und die Pistazien aufbrauchen?« Hmm ... Es scheinen also eine ganze Menge Neue angefangen zu haben. Warum? Sie fragen sich, ob Mr Wonderful diese Vorbehalte gegenüber neuen Kollegen teilt. Vielleicht dachte er, er würde Ihre Stelle bekommen, und will Sie jetzt in die Schranken weisen? Jetzt haben Sie eine Nunchi-Hypothese! Ziehen Sie keine voreiligen Schlüsse, aber Sie können jetzt Informationen sammeln, anhand derer Sie beurteilen können, wie die Firmenhierarchie aufgebaut ist und wo Ihr Platz und der Ihres Kollegen sein könnte. Beobachten Sie, wie man Sie behandelt: Ist die alte Garde auf der Hut, sind die neueren Angestellten offener? Mit wem geht Mr Wonderful zum Essen? Behandeln seine Begleiter Sie auch seltsam? Passen Sie Ihr Verhalten daran an. Verfolgen Sie nicht nur eine Theorie, weil diese so gut zu passen scheint, sonst verlieren Sie das große Ganze aus den Augen und interpretieren das, was Sie beobachten, völlig falsch. Und manchmal ist die Erklärung tatsächlich simpel: Mr Wonderful könnte wirklich nur ein Angeber sein.

Nunchi ist auch eines Ihrer mächtigsten Werkzeuge, um einen hartnäckigen Bösewicht im Leben vieler Menschen zu enttarnen: Verleugnung.

Leider liegt es in der Natur des Menschen, bewusst falsche Informationen zu sammeln, um so unangenehme Wahrheiten zu vermeiden. Wenn Sie jemanden kennenlernen, der unglaublich attraktiv ist, oder wenn man Ihnen etwas anbietet, das zu gut ist, um wahr zu sein, dann werden Sie sich wahrscheinlich die Informationen herauspicken, die zu dem gewünschten Ergebnis passen. Hier müssen Sie Ihr Nunchi einschalten, um nicht nur zu sehen, was gerade passiert, sondern auch, warum.

Shakespeare hatte eigentlich immer recht; hören Sie auf ihn. Wenn Sie einen Raum betreten – egal, ob dort gerade eine Konferenz, eine Party oder eine Familienfeier stattfindet –, betrachten Sie ihn als Bühne. Jeder Schauspieler ist Teil einer Szene, ob er mit den anderen interagiert oder nicht.

Betritt in einem Theaterstück eine Figur die Bühne, geschieht immer etwas. Die neue Figur, egal, wie klein die Rolle ist, bewirkt eine Richtungsänderung der Szene. Das trifft auch zu, wenn die Person gar nicht dort sein soll. Vor Jahren war ich einmal im Theater, und in einer Szene sollte eine Figur ein schwarzes Kleid hochhalten und es ihrer Schwester zeigen. Doch das Kleid war nicht da. Der Requisiteur musste auf die Bühne schleichen und es dort hinhängen, mitten in der Szene. Damit hat er den Abend völlig verändert. In der Pause sprachen die Zuschauer nicht über das Stück, sondern über den Requisiteur.

Ein Nunchi-Ninja beobachtet den Raum wie ein Theaterbesucher das Stück. Jeder Anwesende ist wichtig und beeinflusst das »Klima« des Raums, ob er der Mittelpunkt der Party ist oder das Mauerblümchen, der Gastgeber oder die Kellnerin.

Die Atmosphäre im Raum ist nicht statisch, und Ihr Nunchi sollte es auch nicht sein. Achten Sie auf Plot-Twists.

Sagen wir, Sie lernen jemanden auf einer Party kennen. Flavio ist ein charmanter Mann, der mit Ihnen flirtet und sich als Menschenrechtsanwalt vorstellt. Bisher deutet alles darauf hin, dass Flavio die Bekanntschaft wert ist, und Sie sind fasziniert. Eine halbe Stunde später tritt eine Frau neben Flavio und sagt: »Warum bist du hier? Lass mich in Ruhe.« Dann geht sie wieder. Flavio sagt: »Ignorier sie, sie ist verrückt.«

Diese Frau ist eine neue Figur mit neuen Informationen, die Sie miteinbeziehen müssen. Sie könnte tatsächlich »verrückt« sein; allerdings wissen Sie, dass Menschen, die andere »verrückt« nennen, es oft selbst sind. Noch wissen Sie nicht genug, um sich ein eindeutiges Urteil bilden zu können. Das heißt jedoch nicht, dass Sie die Szene ignorieren sollen, nur weil sie Ihrem ersten Eindruck von Flavio als nettem Mann widerspricht.

Es gibt keinen Grund, unfreundlich zu Flavio zu sein, aber Sie werden sehr viel mehr über ihn erfahren, wenn Sie ihn erst einmal *nicht* zu aufmerksam unter die Lupe nehmen. Sie sollten sich auch mit anderen unterhalten, Bücher und Möbel bewundern und aus dem Augenwinkel beobachten, wie Flavio sich anderen Leuten gegenüber verhält. Halten Sie ein wenig Abstand, damit er zeigen kann, wer er wirklich ist. Schmollt er, weil Sie ihn ignorieren? Flirtet er auch mit anderen? Folgt er Ihnen? Geht er oft auf die Toilette und kommt mit laufender Nase und blutunterlaufenen Augen zurück? Sehr wahrscheinlich haben Sie am Ende des Abends alle relevanten Informationen.

Nunchi mag anstrengend klingen, aber wissen Sie, was noch anstrengender ist? Ein Kontaktverbot zu erwirken.

Mit anderen Worten, Vorsicht ist besser als Nachsicht. Sie müssen sich nicht dafür entschuldigen, dass Sie einen Menschen mithilfe Ihres Nunchis bewerten. Sie müssen niemandem beweisen, dass Sie sich das Recht »verdient« haben, für sich zu entscheiden, wem Sie vertrauen und wem nicht.

Wie Kriminelle Nunchi nutzen ... Und wie Sie diese mit *Ihrem* Nunchi erkennen

Nunchi ist ein mächtiges Werkzeug, das in den falschen Händen auch für schlechte Dinge eingesetzt werden kann. Professionelle Betrüger und Hochstapler sind Nunchi-Ninjas im Lesen von Menschen, die sie gerade erst kennengelernt haben.

Jemand, der die Nutzung von Nunchi für schlechte Dinge bestens verkörpert, ist in den USA der Hellseher vor seinem mit Neonschildern geschmückten Laden, der einen von der Straße weg hineinzulocken versucht oder einem Faltblätter in die Hand drückt. Bob Nygaard, pensionierter Police Detective aus New York, arbeitet als Privatdetektiv in Florida und hat sich auf die Aufdeckung von Hellseherbetrügereien spezialisiert. Er hat für seine Kunden schon Millionen gerettet und die Möchtegernhellseher vor Gericht gebracht. Er erklärte mir, wie diese Menschen ihr Nunchi nutzen: »Das Erste, was ein Hellseher schon durchs Fenster über einen Menschen erfährt, ist, welches Auto er fährt. Einen Mercedes? Eine alte Schrottkarre? Dann sieht er, wer aussteigt: Gehen Sie selbstbewusst? Sehen Sie aus, als hätten Sie gerade geweint – zum Beispiel nach einer schockierenden medizinischen Diagnose? Dann sieht er, wenn Sie ihm gegenübersitzen, ob Sie ein Kreuz um den Hals tragen. Einem Atheisten wird er nicht sagen: ›Es ist Gottes Wille, dass wir uns kennenlernen.‹ Sondern: ›Es ist der Wille des Universums, dass wir uns kennenlernen.‹«

Nygaard betont, wie wichtig es ist, die eigenen Annahmen ständig an neue Informationen anzupassen. »Wenn ich als Detective hereingelegt wurde, dann weil ich eine Situation aufgrund meiner fehlerhaften Schlüsse falsch eingeschätzt hatte. Man muss immer unvoreingenommen bleiben. Wenn Sherlock Holmes einen Fall löst, wie macht er das? Indem er immer wachsam und unvoreingenommen ist.«

Ein kleiner Kulturschock auf dem Weg zu herausragendem Nunchi könnte es für Sie sein, wenn Sie hart dafür verurteilt werden, dass Sie jemanden nicht mögen, der (noch) niemanden geschlagen und weder ein Verbrechen begangen noch Völkermord befürwortet hat. Es ist schockierend, wie viele Menschen von einem verlangen, einen Grund vorzuweisen, warum man jemanden nicht mag – ganz im Gegensatz dazu, wenn einem jemand sympathisch ist. Dafür muss man keinen Grund nennen.

Vergessen Sie nicht: Wenn Ihr Nunchi seine Pflicht getan und Ihnen gesagt hat, dass jemand gefährlich ist oder Ihnen Unbehagen verursacht, dann müssen Sie sich nicht erst das Recht »verdienen«, diesen Menschen abzulehnen.

Koreaner sind nicht die zynischsten Menschen der Welt, aber sie glauben auch nicht, dass jeder nur Gutes im Sinn hat. Sie behalten sich ein Urteil vor und warten ab, bevor sie jemanden für vertrauenswürdig oder sympathisch halten.

Deshalb braucht man Nunchi. Leeren Sie Ihren Geist, und lassen Sie Ihr Nunchi seine Arbeit machen.

Priti stammte aus einer Kultur, in der arrangierte Ehen normal waren, wenn auch nicht obligatorisch. Ihre Eltern beauftragten einen Heiratsvermittler für sie. Sie zwangen sie nicht, jemanden zu heiraten, den sie nicht mochte. Es war jedoch klar, dass sie und ein potenzieller Ehemann innerhalb weniger Wochen nach dem ersten Treffen entscheiden mussten, ob sie sich verloben wollten. In diesem Zeitraum konnten sie sich so oft treffen, wie sie wollten, doch die Uhr tickte: Die Eltern hatten einen Heiratsvermittler eingeschaltet, um einen Ehemann für Priti zu finden, keinen Freund, mit dem sie jahrelang zusammen war und erst dann über Hochzeit und Kinder nachdachte. So schnell einen Ehemann zu finden, erfordert rasiermesserscharfes Nunchi, das Entscheidungen auf der Grundlage eingeschränkter Informationen fällen muss.

Priti hatte dem Heiratsvermittler gesagt, dass bestimmte

Eigenschaften Grundbedingungen waren: Alle potenziellen Kandidaten mussten groß, reich und entweder Ingenieur oder Arzt sein. Nachdem sie aber Dutzende Männer getroffen hatte, die alle diese Kriterien erfüllt hatten, ihr aber unsympathisch gewesen waren, machte ihre Mutter einen interessanten Vorschlag: Warum sagte sie dem Heiratsvermittler nicht, dass er einen von fünf Kandidaten auswählen konnte, der vielleicht nicht alle von Pritis Anforderungen erfüllte, aber möglicherweise trotzdem passen könnte.

Sie können sich vorstellen, wie es weiterging. Die erste »Wildcard« war Amit, der Kleinste von allen und dazu noch Anwalt – ein Beruf, den Priti eigentlich von vornherein ausgeschlossen hatte, weil sie einmal eine schlechte Erfahrung mit einem Jura studierenden Freund an der Universität gemacht hatte. Sie hatte beim ersten Treffen mit Amit auch nicht gerade Schmetterlinge im Bauch.

Er pries sich auch nicht an. Er war belesen und weit gereist, erzählte ihr aber keine abenteuerlichen Geschichten. Am Ende des Treffens wusste sie nicht recht, was sie von ihm halten sollte – weil er eine runde, glatte Atmosphäre erschaffen und keine scharfen Kanten hatte, an denen man sich festhalten konnte. Sie konnte ihm auch keinen lustigen Spitznamen verpassen, wenn sie ihren Freundinnen von Amit erzählte, ganz im Gegensatz zu anderen Kandidaten, die sie »Krokodilledertasche« oder »Mr Golf« genannt hatte.

Sie nahm aus dem Treffen nur ein Bauchgefühl mit: Zum ersten Mal fühlte sie sich nach der Begegnung mit einem potenziellen Ehemann ruhig und nicht angespannt. Priti gab dem Drängen ihrer Mutter nach, Amit eine Chance zu geben, und traf sich noch einige Male mit ihm. Sie verwarf ihre ursprüngliche Liste mit Anforderungen und nutzte stattdessen ihr Nunchi. Sobald sie ihren Geist geleert hatte, bemerkte sie viele gute Seiten an ihm, von denen ihr gar nicht klar gewesen war, dass sie ihr wichtig waren: Er war geduldig, aufmerksam – und wollte dafür auch nicht gelobt werden – und ein guter Zuhörer. Wir spulen ein paar Jahre vor: Die beiden sind glücklich verheiratet und haben zwei wundervolle Kinder.

Ignorieren Sie nicht Ihr Nunchi

Nunchi hat drei große Vorteile: Man schafft dadurch Harmonie, man bekommt, was man möchte, und man hält sich von Gefahren fern. Mir ist aufgefallen, dass viele Frauen von Natur aus ein Talent für Harmonie haben und auch lernen können, sich ihre Bedürfnisse zu erfüllen, doch viel zu oft ignorieren sie ihr Nunchi, wenn es um die Selbsterhaltung geht.

Vor allem in der Arbeit wissen Frauen meistens, was vor sich geht; sie vertrauen nur ihrem eigenen Urteil nicht – zumindest nicht im Westen. In Korea gilt Nunchi nicht als rein »weibliche« Eigenschaft, und koreanische Frauen schämen sich nicht, ihrer Intuition zu vertrauen. Außerdem neigen die Menschen in

Korea – trotz bestehender sexistischer Aspekte in der Gesellschaft – dazu, weibliches Nunchi genauso zu respektieren wie männliches.

Viele Frauen sagen sich am Arbeitsplatz: »Ich habe manchmal unrecht … Ich kann mir nicht trauen.« Das ist doch pervers. Selbst die fähigsten Frauen reden sich das ein. Und manchmal können diese Selbstzweifel zu karriereschädigenden Fehlentscheidungen führen.

Xenia ist Produzentin eines Radionachrichtensenders. Vor ein paar Jahren musste sie einen neuen Moderator suchen. Zusammen mit zwei anderen langjährigen Mitarbeitern interviewte sie einen Bewerber, Sam, der gute Voraussetzungen für den Job mitzubringen schien: Er hatte ein gutes Demotape, wirkte charmant und verfügte über ausreichend Fachwissen. Doch während des Interviews sagte Sam ein paar Sachen, bei denen Xenias Nunchi-Alarmglocken läuteten.

Er fragte zum Beispiel unvermittelt: »Bekommen die weiblichen Angestellten bei euch dasselbe Gehalt wie die männlichen? Geschlechterunterschiede bei der Bezahlung machen mich wirklich wütend.« Später erzählte er ihnen unaufgefordert: »Meine Freundin ist in der Pro-Choice-Bewegung aktiv und ich auch.«

Oberflächlich betrachtet, wirkte er wie ein Feminist. Doch irgendetwas störte Xenia an Sam. Sie hatte den Eindruck, dass er »zu engagiert« war. Auch seine Körpersprache vermittelte ihr den Eindruck, dass er log. Jedes Mal, wenn er eines seiner vermeintlich feministischen Statements von sich gab, starrte er auf einen Punkt auf dem Tisch und mied den Blick der Interviewer.

Xenia traute Sam nicht, doch ihre Kollegen fanden, sie sei ungerecht, weil er ihrer Meinung nach wie ein Lügner wirkte. Deshalb redete sie sich ein, dass sie unvernünftig war, und sie stellten Sam ein.

Weniger als ein Jahr später hatten Xenia und zwölf weitere Mitarbeiter wegen Sam keinen Job mehr. Ein Radiogast informierte den Mutterkonzern des Senders, dass Sam seine persönliche Assistentin belästigt hatte, während er »ihr den Weg zur Damentoilette zeigte«. Sobald dieser Vorfall bekannt wurde, beklagten sich zwei von Sams Praktikantinnen bei der Personalabteilung darüber, dass er den männlichen Praktikanten ein Spesenkonto gegeben hatte, ihnen jedoch nicht. Weitere Fälle von Fehlverhalten wurden bekannt. Die Sendung wurde eingestellt.

Xenia hat sich wieder aufgerappelt, aber sie wünscht sich wirklich, sie hätte ihrem Nunchi vertraut und Sams Einstellung von vornherein verhindert.

Verlassen Sie sich nicht auf das, was andere Menschen Ihnen sagen, sondern darauf, was Ihre Sinne Ihnen mitteilen.

Die bekannte amerikanische Psychologin und Betrugsexpertin Maria Konnikova hat kürzlich eine Karriere als professionelle Pokerspielerin eingeschlagen. Sie ist eine Expertin für sogenannte Tells – also die verräterischen Hinweise, die andere Spieler durch ihr Verhalten zu den Karten in ihrer Hand geben. Sie betont, dass es nicht das ist, wofür die Leute es halten. Sie sagte mir: »Viele starren einem in die Augen und denken, dass man sich mit einem Tell verrät. Ich achte vielmehr auf andere Verhaltensweisen: die Geschichten, die die Mitspieler erzählen, Übereinstimmungen und Widersprüche.«

Konnikova erteilt einen ausgezeichneten Rat zu allem, was man für sogenannte Tells hält: »Informationen ergeben nur im Kontext Sinn.« Das erinnert an ein Nunchi-Prinzip, das wir bereits behandelt haben: Die Einheit von Nunchi ist der Raum. Es geht nicht nur um Sie und Ihren Pokertisch.

Deshalb müssen Sie lernen, Ihrem Nunchi mehr zu vertrauen als Auflistungen von physischen Alarmsignalen, die Sie vielleicht gelesen haben. Ihre eigene Intuition ist Ihr bester Ratgeber, wem Sie vertrauen sollten.

»Baucheinzieher« erkennen

Nunchi heißt, Ihre Einschätzung eines Menschen, Raums oder einer Situation blitzschnell an neu gewonnene Informationen anzupassen. Vergessen Sie nicht, dass der Raum, den Sie vor einer halben Stunde betreten haben, jetzt nicht mehr derselbe ist.

Warum ist es so wichtig, sich Veränderungen anzupassen? Weil die meisten Menschen sich für kurze Zeit benehmen können. Die Frage ist, ob sie es über einen längeren Zeitraum schaffen, und das müssen Sie beobachten.

Für einen Hochstapler wie Dirty John ist gutes Benehmen nicht selbstverständlich, und er kann die Fassade auch nicht sehr lange aufrechthalten. Stellen Sie sich vor, Sie sind auf einer Party und reden mit jemandem, der echt heiß ist. Instinktiv ziehen Sie vielleicht den Bauch ein, um schlanker auszusehen. Wie lange halten Sie das durch? Die meisten Menschen schaffen es vielleicht zehn Minuten am Stück; dann bekommen sie Schmerzen und Atemnot. Vielleicht können Sie es immer wieder über den Tag verteilt. Aber nicht beliebig lange.

Wenn Sie gutes Nunchi haben, dann erkennen Sie, wer – im übertragenen Sinn – den Bauch einzieht. Abhängig davon, um wen es sich handelt und wie ernsthaft die Täuschung ist, lachen Sie vielleicht darüber, merken es sich als »Gelbe Karte« für später, oder Sie entscheiden, dass es das Risiko nicht wert ist, und meiden diese Person. Ihre Wahrnehmung von Menschen soll so fließend wie die Situation an sich sein.

Mit Nunchi können wir den Unterschied erkennen, ob jemand nur den Bauch einzieht, um ein bisschen besser auszusehen (etwa aus Nervosität bei einem Bewerbungsgespräch oder einem ersten Date), oder ob jemand aus schlechten Beweggründen heraus einen falschen Eindruck machen will. Achten Sie auf den Kontext – wir alle ziehen manchmal den Bauch ein.

Bösartige Narzissten erkennt man an ihrem mangelnden Nunchi

Sie werden oft Ihr Nunchi einsetzen müssen, um das *fehlende* Nunchi bei anderen Menschen zu erkennen. Ich rede hier nicht von den typischen ahnungslosen Menschen, die relativ harmlos sind. Doch meiner Erfahrung nach sind Menschen, die überhaupt kein Nunchi haben, oft bösartige Narzissten.

Wahre Narzissten behandeln andere Menschen als reines Mittel zum Zweck; wenn andere durch ihr Verhalten verletzt werden, sehen sie das als Kollateralschaden. Narzissten haben ihre sozialen Antennen nicht ausgefahren, weil es ihnen nicht wichtig ist; andere Menschen sind ihnen ihre Rücksicht einfach nicht wert.

Bis Sie einen bösartigen Narzissten wie Dirty John erkannt haben, stecken Sie vielleicht schon sehr tief drin, weshalb man solche Menschen so früh wie möglich enttarnen können sollte. Erinnern Sie sich an Regel 1: Leeren Sie Ihren Geist. Versuchen Sie, Ihre vorgefassten Meinungen zu verwerfen und Menschen so zu sehen, wie sie sind, und nicht das, was Sie auf sie projizieren (»mein zukünftiger Ehemann«, »meine letzte Chance auf Liebe«).

Beobachten Sie außerdem ihren Sinn für Humor. Meiner Erfahrung nach ist ein deutliches Zeichen für Narzissten, dass sie sich für unglaublich lustig halten. Ich rede hier nicht von Menschen, die abgedroschene oder flache Witze reißen. Ein bösartiger Narzisst wird wütend, wenn niemand über seine Witze lacht.

Odin hat auf einer Party einen blöden Witz nach dem anderen erzählt, doch niemand hat gelacht. Deshalb legte er noch einen drauf und formulierte die Scherze immer beleidigender, um Aufmerksamkeit zu erlangen. Schließlich sagte jemand unbehaglich: »Also, ich habe schon bessere Witze gehört.« Jeder mit Nunchi hätte diesen Kommentar so verstanden, wie er gemeint war – ein höflicher Hinweis, doch bitte damit aufzuhören –, doch Odin machte immer weiter, bis alle den Raum verlassen hatten. Später beschwerte er sich bei seiner Freundin: »Meine Witze sind lustig. Die haben einfach keinen Sinn für Humor.« Schlechtes Nunchi ist das eine, aber überhaupt kein Nunchi zu besitzen ist ein deutliches Zeichen für echten Narzissmus. Einige Monate später stellte sich heraus, dass Odin seine Freundin um eine hohe Geldsumme betrogen hatte.

Wenn jemand sich unverhältnismäßig darüber ärgert, dass niemand über seine Witze lacht, könnte das darauf hindeuten, dass dieser Mensch ein außergewöhnliches Bedürfnis hat, gemocht zu werden – *trotz seines Verhaltens;* er also ein Narzisst ist. Nehmen Sie die Beine in die Hand.

Die gerade beschriebene Gefahr ist ein Grund, warum ich Nunchi für wichtiger als Empathie halte. Nunchi kann einen vor Narzissten bewahren, wohingegen einen Empathie nur noch tiefer hinabzieht. Denn Narzissten fühlen sich von empathischen Menschen angezogen, weil diese sich ständig in den Narzissten hineinzuversetzen versuchen, bis zu dem Punkt der totalen Selbstzerstörung.

Mit Nunchi kann man dagegen versuchen, die Gedanken

und Gefühle des anderen zu verstehen, *ohne den Halt zu verlieren*. Und sich bei drohender Gefahr schnell zurückziehen.

Wie man die wahre Natur eines Menschen erkennt

Wie lernt man also jemanden genau kennen? Die Person wird Ihnen alle relevanten Informationen geben, ob es ihr bewusst ist oder nicht.

Wenn Sie schon kurz nach der ersten Begegnung mit jemandem denken: »Ich weiß nicht genau, was ich von der Person halten soll«, dann ist das der erste Hinweis, dass vielleicht nicht alles so ist, wie es scheint. Ihr Nunchi rät Ihnen, Informationen zu sammeln, die diesen ersten Eindruck stützen. Sie können ein paar Schritte sofort unternehmen, die alle völlig akzeptabel und diskret sind.

Schritt 1:

Wenden Sie Regel 1 an, und leeren Sie Ihren Geist.

Wie Sie das machen, ist bei jedem anders, und es dauert vielleicht einige Zeit, bis Sie wissen, was bei Ihnen funktioniert. Wenn ich als Kind an Klavierwettbewerben teilgenommen habe, habe ich mir immer gesagt, sobald ich am Klavier saß: »Ich bin nicht hier.« Die Person Euny ist nicht da, nur Euny, die

Pianistin. Das mache ich in manchen Situationen und bei Bewerbungsgesprächen immer noch – bei jeder Gelegenheit, bei der ich einen Moment der Klarheit brauche.

Für die meisten Menschen ist die beste Abkürzung zur inneren Ruhe tiefer Atem. Es ist egal, ob man es vor allen anderen tut oder schnell auf der Toilette verschwindet; Hauptsache, Sie tun es. Ich weiß, »Atmen Sie tief durch« ist ein Klischee, aber deshalb ist es nicht weniger hilfreich. Sie haben sicher schon oft gehört, dass tiefe Atemzüge Angst abbauen und den Geist klären. So machen Sie den Weg für Ihr Nunchi frei.

Zwei sehr effektive Atemtechniken sind die 4-7-8-Technik und die Box-Atmung. Beide Methoden veranlassen das Gehirn, weniger Cortisol auszuschütten – das Stresshormon.

Die 4-7-8-Technik hat der Wellness-Experte Dr. Andrew Weil populär gemacht. Eingeatmet wird durch die Nase, ausgeatmet durch den Mund.

Atmen Sie ein, und zählen Sie innerlich bis vier, halten Sie den Atem an, und zählen Sie bis sieben, dann atmen Sie aus und zählen dabei bis acht. Wiederholen Sie alles.

Weil man sich dabei aufs Zählen konzentrieren muss, lenkt man den Geist ab, während der Sauerstoff ihn entspannt.

Die Box-Atmung oder Vier-Quadrat-Atmung wird so genannt, weil sie aus vier Schritten besteht.

Atmen Sie ein, und zählen Sie bis vier, halten Sie den Atem an und zählen bis vier, atmen Sie aus und zählen bis vier, halten Sie den Atem an und zählen bis vier. Wiederholen Sie das Ganze.

Wenn Sie sich bereits in einem Gespräch befinden, machen Sie einen verkürzten Durchgang: Atmen Sie ein und zählen bis vier, atmen Sie aus und zählen bis vier, während Ihr Gegenüber gerade spricht. Einmal reicht schon.

Wenn Sie zu angespannt sind, um ruhig zu atmen, gehen Sie auf die Toilette und lassen fünf Minuten eiskaltes Wasser über Ihre Handgelenke laufen (noch besser wäre es, das Gesicht mit Wasser zu bespritzen, aber das könnte Ihr Make-up ruinieren). Manche Menschen glauben, dass das den sogenannten Tauchreflex triggert. Indem man seinem instinktgesteuerten Gehirn weismacht, dass man gleich untertaucht, verlangsamt der Körper alle Reaktionen, um nicht zu ertrinken.

Schritt 2:

Passen Sie sehr genau auf, wie die Person begrüßt werden möchte.

Erinnern Sie sich an Regel 6: Lesen Sie zwischen den Zeilen – vom ersten Moment an, in dem Sie jemanden sehen, noch bevor Sie etwas sagen. Die erste Begrüßung ist sehr wichtig. Gehen Sie nicht davon aus, dass jeder genau dasselbe tut wie Sie und Ihre Freunde. Sobald Sie das vergessen, will Sie jemand vielleicht schon nicht mehr näher kennenlernen.

Ich weiß von mehreren Fällen, in denen jemand ganz formell die Familie eines Freundes begrüßen wollte und sofort in einer festen Umarmung erstickt wurde. »Sorry, wir umarmen uns gern«, lautete der dazugehörige Kommentar. Warum machen Menschen das? Viele wollen nicht umarmt werden. Im Grunde sagen diese Leute: »Wir sind in der Überzahl und zwingen unsere Lebensweise anderen auf.«

Beobachten Sie Menschen bei der ersten Begegnung, um herauszufinden, wie sie begrüßt werden möchten. Sehen sie eher nach einer Verbeugung aus, wollen sie Ihnen die Hand schütteln, nach französischer Art Wangenküsse verteilen oder sogar nichts von allem? Umarmen Sie die Frau oder den Ehemann Ihres Kollegen oder Ihrer Kollegin besser nicht, wenn Sie nicht herausfinden wollen, dass sich unverheiratete Männer und Frauen in ihrer Kultur nicht berühren dürfen oder Sie in ihren Augen gerade übergriffig geworden sind.

Unabhängig vom kulturellen Hintergrund möchten manche Menschen einfach nicht berührt werden – gehen Sie nicht vom Gegenteil aus. Ein berühmter amerikanischer Investor hat krankhafte Angst vor Bakterien und öffnet Türen mit einem Taschentuch, weil er nichts mit bloßen Händen anfassen will. Selbst wenn Sie dieses Detail über ihn nicht wissen, bemerken Sie als Nunchi-Ninja, dass dieser Investor in Meetings immer die Hände hinter dem Rücken verschränkt hält, um niemandem die Hand zu schütteln. Seine engsten Freunde stehen zwar um ihn herum, halten jedoch immer einen Meter Abstand.

Werfen Sie Menschen nicht in einen Topf. Jeder hat seine eigene Vorstellung von einem angemessenen Abstand zwischen zwei Menschen und wird Ihnen das *sehr deutlich* in seinem Verhalten vermitteln. Seien Sie aufmerksam.

Schritt 3:
Drehen Sie die Lautstärke hinunter, um zu »hören«, wie ein Mensch wirklich ist.
Beachten Sie nicht nur das, was jemand sagt, sondern behalten Sie den gesamten Kontext im Auge, denken Sie an dessen Vorurteile und Werte.

Haben Sie schon mal Fernsehen ohne Ton geschaut – vielleicht weil Sie währenddessen telefoniert haben, aber den spannenden Höhepunkt Ihrer Lieblingssendung nicht verpassen wollten? Dann haben Sie vielleicht bemerkt, dass Sie oft auch ohne Ton genau erraten können, um was es gerade geht. Wenn ein Paar sich miteinander im Bett vergnügt und sich erschrocken aufsetzt, als ein Mann das Schlafzimmer betritt, könnte das darauf hindeuten, dass die beiden eine Affäre haben. Wenn ein Mordverdächtiger in einem Krimi von Agatha Christie plötzlich aus dem Salon rennt, hat ihn der Detektiv wohl als Mörder entlarvt.

Nunchi ist die Fähigkeit, auf der Grundlage nonverbaler Hinweise Dinge zu erkennen: Mimik und Körpersprache sind dabei sehr wichtig.

Vielleicht hat ein Kollege Ihre Fehler leise und geduldig verbessert, aber Sie erkennen an seinen angespannten Schultern und dem starren Blick, dass er wütend ist. Die Angelegenheit ist daher sehr viel ernster, als er zu erkennen gibt, und Sie sollten besser darauf reagieren.

Darauf zu achten, was *nicht* ausgesprochen wird, sagt Ihnen sehr viel mehr, als dem zuzuhören, was tatsächlich gesagt wird.

Wenn Sie diese Schritte befolgen, haben Sie trotzdem nicht sofort ein Gefühl von »Aha, Fall gelöst, ich verstehe diesen Menschen jetzt«. Wahrscheinlich werden Sie noch mehr Informationen zu verschiedenen Dingen benötigen, bevor Sie weitere Schlussfolgerungen ziehen können. Allein schon das Sammeln von Informationen für sich selbst ist eine hervorragende Verwendung von Nunchi.

Kontext und Nunchi

Wir alle glauben gern, dass wir zu gebildet sind, um an die Wichtigkeit des ersten Eindrucks zu glauben. Wir sind modern, wir sind wachsam, wir wissen von unterbewussten Vorurteilen, und wir würden im Traum nicht daran denken, jemanden aufgrund seiner äußeren Erscheinung zu verurteilen. Abgesehen davon, dass wir es trotzdem ständig tun.

Menschen lernen, indem sie neue Erfahrungen mit alten verknüpfen: Wenn die neue Situation X eine oder zwei oberflächliche Dinge mit der alten Situation Y gemeinsam hat, lassen unsere Gehirne uns glauben, dass die beiden Erfahrungen sehr wahrscheinlich in *jeglicher Hinsicht* gleich sind. Das ist sinnvoll, um nicht zu vergessen, dass Hornissen stechen, doch bei der Einschätzung von Menschen hilft es nicht unbedingt weiter.

In einer im Jahr 2018 veröffentlichten Studie der US National

Academy of Sciences[8] zeigten die Wissenschaftler einer Gruppe von Probanden zahlreiche Fotos von Fremden und baten sie, diejenigen auszuwählen, die für sie vertrauenswürdig aussahen. Man sagte den Probanden allerdings nicht, dass einige dieser Bilder leicht mit Photoshop veränderte Varianten desselben Gesichts waren. Was passierte? Sobald die Probanden einige Gesichter als vertrauenswürdig eingestuft hatten, wählten sie die veränderten Varianten dieser Gesichter ebenfalls aus.

Ob man sich einem Fremden nahe fühlt, weil er dieselben Schuhe wie man selbst trägt, oder sich von jemandem in der U-Bahn wegsetzt, weil er schlecht riecht oder man nicht neben dem Typen sitzen möchte, mit dessen politischer T-Shirt-Botschaft man nicht übereinstimmt – man fällt immer ein Urteil, und meistens ist man sich dessen gar nicht bewusst. Genauso wird man selbst auch ständig von allen anderen beurteilt.

Maya hat ein Lieblings-T-Shirt, auf dem ein Zitat von Keith Richards, Gitarrist der Rolling Stones, steht: »Mit Drogen hatte ich nie ein Problem. Nur mit der Polizei.« Maya nimmt keine Drogen und hatte auch nie Probleme mit der Polizei; das T-Shirt ist ironisch gemeint. In ihrem hippen Viertel in Brooklyn bleiben die Leute oft stehen und lachen über das Zitat. Doch als Maya das T-Shirt am Flughafen trug, vor einem Auslandsflug, reagierte das Sicherheitspersonal völlig anders darauf. Man nahm sie beiseite, durchsuchte sie und fragte sie nach dem Grund für ihre Reise.

Ja, die Sicherheitsleute übertrieben bei diesem harmlosen T-Shirt, doch Maya hatte etwas nicht bedacht, was der Schlüssel für gutes Nunchi-Verhalten ist: den Kontext. An ihrem T-Shirt war nichts falsch, es bot allerdings vielen eine scharfe Kante, an der sie sich festhalten konnten. Diese scharfe Kante war in Brooklyn witzig und ironisch, am Flughafen jedoch problematisch. Das will niemand. Verbreiten Sie eine Botschaft, wenn Sie das möchten, aber achten Sie auf den Kontext, bevor Sie in eine missliche Lage geraten.

Der Kontext ruft einem eine der unausgesprochenen Nunchi-Regeln in Erinnerung: Es geht nicht immer nur um einen selbst. Menschen reagieren ständig auf Zeichen, bewusst und unbewusst. Achten Sie darauf, ihnen keine scharfe Kante zu liefern, an der sie sich festhalten können.

Die Fähigkeit, den Kontext zu erkennen, ist auch für Politiker von großer Bedeutung. Zwei französische Staatsmänner wurden bei ihren jeweiligen Besuchen der jährlichen Landwirtschaftsmesse in Paris höchst unterschiedlich wahrgenommen. Jacques Chirac begrüßte die Bauern freundlich und lobte ihren Käse und das Bier, als wäre jeder Bissen, jeder Schluck einfach nur göttlich. Er verstand den Kontext. Die Bauern und Winzer glühten vor Stolz, und für ihn war der Auftritt ein voller Erfolg.

Nicolas Sarkozy dagegen behandelte die Bauern, als wollten sie mit ihm handeln, er erhob tadelnd den Finger und hielt ihnen einen Vortrag über die Milchproduktepreise der Europäischen Union. Ein verärgerter Mann weigerte sich, Sarkozy die Hand zu schütteln, worauf der Politiker die Fassung verlor und den Mann anfauchte: »*Casse-toi, pauv'con'!*« (»Verpiss dich, du Idiot!«) Dieser Vorfall schadete seinem Ansehen enorm.

Sarkozy war nicht nur unglaublich unhöflich, er zeigte auch noch furchtbares Nunchi, weil er den Kontext der Veranstaltung nicht beachtete. Wenn er sich jemanden auf Augenhöhe ausgesucht und etwa einen korrupten Ölmagnaten so angefahren hätte, wäre er der Liebling der Medien gewesen. Doch er hätte nicht gegenüber einem normalen Bürger die Fassung verlieren dürfen, noch dazu auf einer Landwirtschaftsmesse – der bürgernahesten Veranstaltung, die man sich vorstellen kann. Die Öffentlichkeit und die Medien sind gnadenlos. Wenn man berühmt ist, darf man auf keinen Fall den Kontext ignorieren, vor allem heutzutage, da immer und überall eine Handykamera gezückt ist und die Videos im Netz landen können.

Nunchi fordert von einem, ein Gleichgewicht zwischen dem zu finden, was man ist, und sich so durch die Welt zu bewegen, dass man seine Ziele mit der geringsten Reibung für alle (sich selbst eingeschlossen) erreicht.

Wie man einen guten ersten Eindruck macht

Manchmal ist es uns besonders wichtig, einen guten ersten Eindruck zu hinterlassen: Wenn man zum Beispiel die Eltern des Partners oder der Partnerin zum ersten Mal trifft oder jemandem vorgestellt wird, der für die berufliche Entwicklung wichtig sein könnte. Im Westen lautet der übliche Rat, sich auf sich selbst zu konzentrieren: fester Händedruck, dem Gegenüber in die Augen sehen, klar und deutlich und voller Selbstvertrauen sprechen. Nunchi empfiehlt das Gegenteil: Nehmen Sie den Fokus von sich, um klarer zu erkennen, was die Situation erfordert, und richten Sie Ihr Verhalten nach der Person, deren gute Meinung von Ihnen wichtig ist.

Hierbei kann man sich der Technik des Spiegelns bedienen, was wir alle sowieso unbewusst tun und was, wie wir am Beispiel des Nord-/Südkorea-Gipfels gesehen haben, Verbundenheit demonstrieren kann. Spiegeln bedeutet, die Gesten, Stimmlage oder sogar die Sprache eines anderen zu imitieren – natürlich nicht so gruselig wie in *Weiblich, ledig, jung sucht …*, sondern unauffälliger.

Dann werden Sie Ihrem Gegenüber sympathisch sein, ohne dass dieser den genauen Grund dafür weiß, weil Sie so auf einer Wellenlänge mit ihm und seinen Vorstellungen zu liegen scheinen.

Nehmen wir Clyde, der zum ersten Mal die Eltern seiner Freundin trifft. Im Restaurant sieht Clyde, dass ein spezielles Gericht auf der Speisekarte steht: seine Lieblingspasta mit frischen weißen Trüffeln, die man von Elba importiert hat. Teuer, aber die Trüffelsaison ist kurz, und Clyde will sie nicht verpassen. Der Nunchi-lose Clyde bestellt das Gericht und ist tödlich verlegen, als er merkt, dass die Eltern seiner Freundin, die für alle zahlen, die billigsten Gerichte auf der Speisekarte ausgewählt haben. Wenn Clyde sein Nunchi genutzt hätte, dann hätte er die Eltern seiner Freundin gefragt, was sie empfehlen, oder er hätte darauf bestanden, dass sie zuerst bestellen. Dann hätte er gewusst, ob sie es mit Hummer oder anderen teuren Gerichten krachen lassen würden oder ob sie aufs Geld achten mussten. Sich an der Person zu orientieren, auf die man einen guten Eindruck machen möchte, ist meist die beste Entscheidung.

In derselben Stimmlage wie der andere zu sprechen, stellt auch oft eine sofortige Verbindung her, solange man vorsichtig ist und nicht so wirkt, als wolle man ihn nachäffen. Das bedeutet, dass man den Ton des Gegenübers treffen muss, egal, ob dieser aufgeregt ist, wütend oder ruhig. Man begibt sich auf eine Ebene mit dem anderen und zwingt ihm nicht den eigenen Ton auf.

Nehmen wir zum Beispiel Dan, einen Staubsaugerverkäufer, der sich oft mit verärgerten Kunden auseinandersetzen muss, die in den Laden kommen und ihr Geld zurückhaben wollen oder ein neues Gerät. Dan versucht immer, die Situation so schnell wie möglich zu entschärfen, damit der Kunde mit dem Gefühl geht, dass man ihm eine gute Lösung für sein Problem angeboten hat. Als Dan noch neu in dem Job war, bat er aufgebrachte Kunden immer, sich zu beruhigen, bevor er ihnen eine Rückzahlung oder ein neues Gerät anbot, doch er merkte schon bald, dass dies die Kunden nur noch mehr aufbrachte, da sie das Gefühl hatten, dass er ihre rechtmäßigen Beschwerden nicht ernst nahm. Jetzt geht Dan folgendermaßen mit der Situation um:

Kunde: Ich habe diesen Staubsauger letzte Woche hier gekauft, und jetzt geht er schon nicht mehr!

Dan: Was? Oje, das ist ja schrecklich. Sie müssen wirklich verärgert sein.

Kunde: Darauf können Sie Gift nehmen! Ich musste früher aus der Arbeit gehen und dann noch einen meilenweiten Umweg hierher fahren.

Dan: Da wäre ich auch wütend, so etwas sollte wirklich nicht passieren. Vor allem, wenn das Gerät neu ist.

Kunde: Nein, das sollte wirklich nicht passieren.

Dan: Es tut mir sehr leid, dass wir Sie enttäuscht haben. Wie können wir das wiedergutmachen?

Kunde: Ich möchte das Gerät kostenlos umtauschen.

Dan: Das verstehe ich. Ich werde sehen, was ich für Sie tun kann.

Indem sich Dan dem Ton des wütenden Kunden angepasst hat, tritt er ihm auf Augenhöhe entgegen. Der Kunde hat das Gefühl, dass seine Beschwerde gehört und verstanden wird. Er denkt, dass beide Parteien einer Meinung sind, und muss nicht noch aufgebrachter auftreten. So kann Dan viel schneller zu einer Lösung des Problems hinsteuern, als wenn er gesagt hätte (was er manchmal denkt): »Jetzt machen Sie sich mal locker, es ist schließlich nur ein Staubsauger.«

Beachten Sie auch, dass Dan nicht sofort zugestimmt hat, das Gerät kostenlos auszutauschen (vielleicht darf er das auch gar nicht). Er hat auch nicht die Schuld seinen Kollegen zugeschoben, und er hat nicht über die Staubsaugermarke geschimpft. Mit Nunchi kann man jemandem auf Augenhöhe gegenübertreten, ohne demjenigen etwas zu versprechen oder andere Menschen anzuschwärzen.

Wenn es Ihnen sehr wichtig ist, einen guten ersten Eindruck zu hinterlassen, befolgen Sie diesen widersprüchlich klingenden Rat: Denken Sie weniger an sich, und konzentrieren Sie sich mehr auf alle anderen, dann gelingt es Ihnen wahrscheinlich auch, eine gute Verbindung zu Ihrem Gegenüber herzustellen.

Fragen stellen

Man sagt oft, dass wir Fragen stellen sollen, wenn wir jemanden neu kennenlernen – und natürlich ist das auch sehr viel besser, als einen Monolog über sich selbst zu halten. Doch vielleicht denken Sie nur, Sie benutzen Ihr Nunchi, während Sie tatsächlich das Gegenteil tun. Wenn Sie Fragen stellen, konzentrieren Sie sich auf Ihr Gegenüber. Falls Sie die Antworten allerdings nicht richtig verstehen, demonstrieren Sie kein gutes Nunchi. Was, wenn Ihre Fragen Ihrem Gegenüber unangenehm sind? Errötet Ihr Gesprächspartner, stottert er, wendet er den Blick ab? Verengt er verärgert die Augen? Nicht jeder wird direkt antworten: »Also, das war jetzt wirklich unhöflich«, aber die Körpersprache wird es vermitteln, und Sie müssen diese Zeichen registrieren.

Ein persönliches Beispiel: Bei dem folgenden Gespräch werden sich die meisten Asiaten, die nicht in Asien leben, so schnell wie möglich aus dem Staub machen.

Mensch ohne Nunchi:	Woher kommen Sie?
Asiate im Ausland:	Ich bin aus (Auckland/Birmingham/Paris/andere Städte in nicht asiatischen Ländern).
Mensch ohne Nunchi:	Schön und gut, aber woher kommen Sie wirklich? Ihre Eltern, aus welchem Land stammen die?

Was denkt sich jemand, der so etwas fragt?

Der Nunchi-lose Fragensteller hat eine Reihe möglicher Antworten im Kopf (China, Japan, Korea usw.), und wenn der Gesprächspartner nichts davon antwortet, irritiert ihn das.

Es ist wirklich unglaublich, wie oft ich schon erklären musste, warum man diese Fragen nicht stellt. Andererseits warnen auch Aufkleber auf Föhnen, diese nicht in der Badewanne zu benutzen. Manche Dinge müssen also wohl wirklich klar und deutlich gemacht werden: Wenn Sie nicht gerade ein Agent sind, der einen Meister der Verwandlung jagt, bitte erwidern Sie auf eine Antwort nicht: »Nein, das kann doch gar nicht sein!« oder lassen Ihr Gegenüber anderweitig unglaubwürdig erscheinen. Akzeptieren Sie die Antwort, und stellen Sie keine weiteren Fragen.

»Aber es hat mich einfach interessiert!« ist hier keine Entschuldigung. Ihre Neugier ist nicht wichtiger als das Recht der anderen, Ihre Fragen vielleicht auch nicht zu beantworten, wenn sie das nicht möchten. Darunter fällt auch: »Wann wollt ihr denn heiraten? ... Kinder bekommen? ... die Babykilos loswerden?«

Vergessen Sie nicht Regel 4: Lassen Sie nie eine gute Gelegenheit verstreichen, den Mund zu halten.

Quiz

Sie sind Kundenbetreuer bei einer Firma, die ergonomische, vegane Espressomaschinen verkauft, bei deren Herstellung keine Tiere zu Schaden kommen. Als Sie eines Abends nach der Arbeit schon zu Hause sind, ruft Ihr Chef an und sagt Ihnen, Sie sollen rasch zu einem Cocktailempfang in der Stadt fahren, weil dieser von der weltweit zweitgrößten Coffeeshop-Kette in Ihrem Geschäftsbereich veranstaltet wird. Die schlechte Nachricht: Sie haben schon einen Teil der Veranstaltung verpasst, und wenn Sie dort angekommen sind, wird alles nur noch eine knappe halbe Stunde dauern. Wie holen Sie aus diesem überschaubaren Zeitraum das meiste heraus?

A) Sie geben Ihre Verkaufsmappe jedem, dem Sie begegnen.
B) Sie sprechen den ältesten, weißesten, glatzköpfigsten Mann an.
C) Sie sprechen die am besten gekleidete Person an.
D) Sie sprechen die lauteste Person an.
E) Sie sprechen die Person an, die von den meisten Leuten umgeben ist.

Korrekte Antwort: Das ist eine Trickfrage. Alle Antworten sind falsch, da Sie bei Weitem nicht genug Informationen haben. Ohne Kontext sind alle fünf Antworten nur unbegründete Annahmen zu der Frage, wer im Raum die Entscheidungen trifft, und keine auf Nunchi basierenden Einschätzungen. In einigen Fällen wird Antwort A zutreffen – Geben Sie Ihre Mappe jedem, dem Sie begegnen –, doch das kommt auf die jeweilige Geschäftskultur an. In vielen Gegenden der Welt drängt man Menschen, die man gerade erst kennengelernt hat, nichts Geschäftliches auf; man nimmt stattdessen ihre Visitenkarte und meldet sich am nächsten Tag, um ein Treffen zu vereinbaren. Natürlich haben Sie wahrscheinlich im Taxi die Firma und das Team recherchiert, doch wenn Sie beim Cocktailempfang niemanden erkennen, bleiben Sie besser mit Ihrem Drink ein paar Minuten stehen oder stellen sich an einen Punkt, an dem viele Menschen vorbeikommen. Lassen Sie den Raum auf sich wirken. Selbst wenn Sie nur wenig Zeit haben – vor allem dann –, brauchen Sie eine Strategie, bevor Sie jemanden ansprechen.

Wenn Sie nicht wissen, wer die Entscheidungen trifft, und nur wenige Hinweise wie Kleidung und Stimme zur Verfügung haben, müssen Sie sich nicht das Gehirn mit dieser Frage zermartern. Suchen Sie stattdessen nach den Assistenten.

Im Geschäftsleben, und auch im Leben generell, müssen Sie die Person finden, die Ihnen am meisten helfen kann, nicht unbedingt die mit dem höchsten Rang.

Bei Firmenveranstaltungen wie einer Cocktailparty zu Werbezwecken wird normalerweise jemand sein, der den Wein einschenkt, entweder professionelle Barkeeper oder »niedere« Angestellte – Menschen, die jemand ohne Nunchi vielleicht als »nicht wichtig genug« abtun und ignorieren würde. Sie sind auf einem guten Weg, ein echter Nunchi-Ninja zu werden. Sie wissen, dass jemand, der die Aufgabe bekommen hat, die Getränke zu servieren, auch höflich und hilfsbereit sein muss. Fragen Sie diese Person geradeheraus, wer im Raum wichtig ist und wie man denjenigen am besten anspricht. Vielleicht weiß das Barpersonal es nicht, aber man wird Sie wenigstens an deren Chef verweisen und dieser wiederum an die nächsthöhere Ebene, und das geht so weiter, bis Sie jemanden finden, der Sie den Entscheidungsträgern vorstellen kann.

Sie haben sicher schon gehört, dass man niemals Geschäfte mit jemandem machen soll, der sein Personal schlecht behandelt. Das ist nicht nur nett, sondern auch sehr praktisch. Gerade die scheinbar »unwichtigen« Angestellten sind oft allwissend. Denken Sie nur an die Person in Ihrem Büro, die alles zu wissen scheint und den CEO ungestraft unterbrechen darf: In den meisten Fällen handelt es sich um die Officemanagerin oder den Rezeptionisten. Ein Nunchi-Ninja weiß, dass er diese Menschen auf seine Seite bringen muss.

KAPITEL 7

Nunchi und Beziehungen

Das Sozialkundebuch der achten Klasse in Seoul begann mit einem Zitat von Aristoteles: »Der Mensch ist von Natur aus ein staatliches Wesen.« Ich erinnere mich so gut daran, weil sich neben diesem Zitat eine Ameisenabbildung befand, und ich hasse Ameisen. In dem Kapitel wurde erklärt, dass Ameisen, auch wenn sie in Kolonien leben, nicht staatlich sein müssen, um zu überleben, weil sie nur instinktiv handeln.

Dass ein Schulbuch so beginnt, zeigt, wie sehr die koreanische Kultur Wert darauf legt, dass sich der Einzelne als Teil eines größeren Organismus sieht. Koreas konfuzianische Wurzeln, die immer noch zu spüren sind, basieren auf dem Glauben, dass in einer Gesellschaft jedes Mitglied eine Rolle ausfüllt, die mit der eines anderen ineinandergreift. Wer von seiner Rolle abweicht, schadet dem großen Ganzen, und wenn jeder sich so verhalten würde, würde die Gesellschaft auseinanderbrechen.

Doch ist der Konfuzianismus im modernen kapitalistischen Leben unpraktisch, weshalb man in Korea vieles davon nicht mehr befolgt. Aber es ist interessant, wie eng die alte koreanische Gesellschaft mit den alten griechischen Philosophen verzahnt war, vor allem durch den Glauben, dass Menschen in einer Gruppe leben, weil sie allein nicht überleben können. Aristoteles nannte es »die vollkommene Gesellschaft … die um des Lebens willen entstanden ist und um des vollkommenen Lebens willen besteht«.

Das vollkommene Leben.

Wollen wir das nicht alle? Ich habe im Grundstudium Philosophie studiert, weil ich eine Antwort auf die Frage gesucht habe, wo dieses gute Leben zu finden ist. Das Ganze war dann ein wenig wie beim *Zauberer von Oz* – die Antwort lag im eigenen Garten, in meiner eigenen Erziehung: Das gute Leben beruht zu großen Teilen auf Nunchi und der aufmerksamen Beobachtung anderer Menschen.

Viele moderne Menschen würden vor diesem Konzept zurückschrecken. »Ich muss einfach ich selbst sein« war so oder so ähnlich der Schlachtruf der letzten individualistischen Generationen – meine Generation zum Beispiel war umgeben von jammernden Rockbands wie Nirvana. Heutzutage klingt »Mach dein Ding« schon etwas fröhlicher.

Nun, es ist wahrscheinlich ziemlich offensichtlich für alle sensiblen Wesen des einundzwanzigsten Jahrhunderts, dass einige Generationen dieser selbstzentrierten Mentalität jetzt zurückschlagen. Manche Kommentatoren haben den Eindruck, der Kapitalismus läge in den letzten Zügen und würde bald in sich zusammenstürzen – was zu noch größerer Ungleichverteilung von Wohlstand und der zunehmenden Unbewohnbarkeit der Erde führt. Ich denke, dass Menschen aller politischen Lager endlich zugeben, dass wir miteinander auskommen und andere Gesellschaftsformen ins Auge fassen müssen, wenn die Zivilisation überleben soll. Wir lagen falsch, Aristoteles hatte recht.

Misanthropen können sich freuen: Ich verspreche, dass man Menschen nicht mögen muss, um mit ihnen auszukommen. Wenn Sie gutes Nunchi demonstrieren, werden Sie die soziale Rundheit erlangen, die ich bereits erwähnt habe und die es Ihnen erleichtert, sich mal mehr, mal weniger an Gesprächen zu beteiligen, wenn Ihnen das wichtig ist. Einsiedler machen oft den Fehler zu hoffen, dass man sie in Ruhe lässt, wenn sie unfreundlich sind. Doch normalerweise passiert genau das Gegenteil.

Sagen wir, Sie sind nicht gern unter Menschen. Wenn Sie etwas auf der Post zu erledigen haben, wollen Sie nur schnell hinein- und wieder hinausschlüpfen. Wenn der Schalterbeamte sagt: »Oh, hallo, Sie sind's! Wie läuft es denn in der Arbeit?«, welche Antwort wird Sie schneller entlassen: »Ach, alles super, danke« oder »Was geht Sie das an«? Mit der zweiten Antwort schaden Sie nur sich selbst. Durch Rundheit werden Interaktionen reibungslos, und Sie können sich wieder in Ihre Höhle flüchten. Sie können so sichtbar oder unsichtbar sein, wie Sie möchten. Menschen ohne Nunchi-Talent stören immer ihre Umgebung und schaffen scharfe Kanten.

Nunchi kann Ihnen helfen, die Kanten sozialer Interaktionen abzuschleifen. Egal, wer Sie sind oder wie kompliziert Ihre Beziehungen sind, mit Nunchi können Sie sich so durchs Leben bewegen, dass es sich harmonisch für Sie und all diejenigen anfühlt, denen Sie begegnen.

Nunchi und Dating

Man sagt, dass es im Schützengraben keine Atheisten gibt; analog dazu bezweifelt auch keiner die Kraft von Nunchi in Sachen Dating. Das trifft vor allem auf die frühe Phase zu, in der man jemanden näher kennenlernt.

Durch Onlinedating ist es normal geworden, sich mit jemandem zu treffen, über den man weniger weiß als über einen beliebigen Mitfahrer morgens in der U-Bahn. In vielen Fällen werden Sie so schnell wie möglich herausfinden müssen, ob Ihr Date gefährlich (das ist vor allem für Frauen wichtig) oder vertrauenswürdig ist.

Sie können sich nicht auf das verlassen, was Ihr Date sagt oder was im Onlineprofil steht. Sie müssen Ihr Nunchi einsetzen.

Bei Dates konzentrieren sich die meisten zu sehr darauf, den Eindruck zu kontrollieren, den sie auf andere machen, sodass kein mentaler Raum bleibt, Nunchi einzusetzen. Das ist schade, da sie sich dadurch um die wertvolle Chance bringen, den anderen Menschen eingehend zu beobachten.

Wenn Sie das tun – und am besten noch den ganzen Raum im Blick behalten –, bewegt sich Ihr Fokus weg von Ihnen selbst, was eine geradezu magisch beruhigende Wirkung hat. Wer möchte nicht die Nervosität abstreifen, unter der wir alle unausweichlich bei einem ersten Date leiden? Konzentrieren Sie sich auf den Raum, und Sie werden sofort ruhiger sein.

Beim ersten Date Fragen zu stellen ist immer gut. Nicht nur, weil man schlechtes Nunchi demonstrieren würde, wenn man nur über sich selbst redet, sondern auch, weil die Antworten Ihnen sehr viel mehr verraten können, als Ihr Gegenüber eigentlich preisgeben will.

Vermeidet Ihr Date die Antwort auf Fragen nach seiner Familie, weil er eine Waise ist? Oder weil er sie in seinem Garten vergraben hat? Beides wird er sicher nicht beim ersten Treffen erzählen, aber Sie erfahren immerhin, dass es ihm unangenehm ist, über seine Familie zu sprechen.

Sagt Ihr Date nur ungefähr, wo sie wohnt, weil sie einem Fremden nicht zu viele persönliche Informationen geben will? Oder hat sie einen Ehemann und zwei Kinder? Wieder wird Ihnen nicht das etwas verraten, was sie tatsächlich sagt, aber beim ersten Date achtet man genauso sehr darauf, was nicht ausgesprochen wird.

Es hilft auch sehr, die Nunchi-Fähigkeiten Ihres Dates einzuschätzen. Wie verhält er oder sie sich gegenüber anderen? Es gibt den Wein nicht, den Ihr Date bestellt hat – macht er oder sie daraus eine große Sache oder bestellt einfach einen anderen Wein? Ist er oder sie anderen gegenüber freundlich und aufgeschlossen oder zurückhaltend und auf der Hut? Beurteilen Sie nicht nur, wie Ihr Date mit Ihnen umgeht, sondern auch, wie er/sie die Menschen um Sie herum behandelt.

Tonya traf sich mit Alex, den sie in ihrem Yogakurs kennengelernt hatte. Er sah unglaublich gut aus und war superfit, er redete überzeugend von Meditation und dem Weg zur Erleuchtung.

Doch zwischen den Geschichten darüber, wie sehr sein Ashram ihn inneren Frieden und Geduld gelehrt hatte, wurde Alex *sehr* ungeduldig, wenn die Bedienung nicht sofort kam, und machte Bemerkungen wie »Wieso dauert das denn so lange, fliegen sie ihr Fleisch aus Neuseeland ein?« und »Streiken die Bedienungen?«. Der Widerspruch zwischen seinen Aussagen und seinen Handlungen ließ Tonya auf ein zweites Date verzichten.

Viele Beziehungsexperten raten, herauszufinden, warum ein potenzieller neuer Schwarm sich von den vorherigen Partnern getrennt hat. Wenn sie ihren Ex-Partnern die Schuld an allem geben, ist das ein Warnzeichen. Ach, wenn es doch nur so einfach wäre. Kategorische Ratschläge wie dieser können eine Hilfe sein, doch das eigene Urteilsvermögen ist unschlagbar, und niemand sonst kennt Ihre Erfahrungen. Jeder hat seine eigenen Alarmzeichen; manche mögen richtig sein, manche vielleicht irrational, aber das ist Ihre Entscheidung und die Ihres Nunchis.

Vertrauen Sie sich selbst.

Den oder die Richtige/n finden

Wie findet man dann den richtigen Partner oder die richtige Partnerin? Einige Freunde werden Ihnen sagen, Sie sollen eine Liste mit allen Eigenschaften erstellen, nach denen Sie suchen, und davon nicht abweichen. Andere werden Ihnen das genaue Gegenteil sagen – dass Sie diese Grundbedingungen verwerfen sollen oder auf ewig Single bleiben. In der Realität trifft keines der beiden Extreme auf alle Situationen zu. Es wäre so viel einfacher, wenn man in Stein gemeißelten Regeln folgen könnte, doch einen Partner zu finden ist so kompliziert, wie man selbst ist, und wird noch dadurch erschwert, wie kompliziert alle anderen sind.

Nunchi ist hier der Mittelweg. Sie müssen weder Ihre Bedingungen über den Haufen werfen noch sie unrealistisch aufbauschen; Sie müssen einfach scharfsichtig und anpassungsfähig sein. Sammeln Sie Informationen, und ignorieren Sie bitte nicht neue Entwicklungen, nur weil sie Ihnen etwas sagen, das Sie nicht hören wollen.

Auch wenn es um die Partnersuche geht, bietet *Stolz und Vorurteil* bestes Anschauungsmaterial für die Wichtigkeit von Nunchi. Schließlich hemmen sowohl Stolz als auch Vorurteile die eigene Urteilsfähigkeit. Der »Stolz« im Titel bezieht sich auf die ursprüngliche Überheblichkeit von Mr Darcy, der die Bennet-Familie für unter seiner Würde hält. Das »Vorurteil« hegt Lizzy Bennet, die sofort abwehrt, wenn die Rede auf Darcy kommt, weil sie gehört hat, wie er einem Freund gesagt hat, sie sei »nicht hübsch genug, um mich zu reizen«. Zugegeben, das war nicht nett von ihm, doch als wir ihn besser kennenlernen, erfahren wir, dass er es nicht ernst gemeint hat und wahrscheinlich vor seinen Freunden nur cool erscheinen wollte.

Über weite Strecken des Buches hinweg können Darcy und

Elizabeth nicht zusammenkommen, weil sie unverrückbare negative Meinungen über den anderen haben. Doch dann zwingen verschiedene Katastrophen (Krankheit, Familienskandale) sie dazu, zusammen die Barrieren zu durchbrechen, um gemeinsame Ziele zu erreichen. Sie öffnen ihren Geist, beobachten, wie der andere sich in verschiedenen Situationen verhält, und passen ihre Einschätzung an diese neuen Informationen an. Beide tun etwas, das ihnen unglaublich schwerfällt: Sie geben zu, dass ihr Stolz und ihre Vorurteile ihnen dabei im Weg standen, sich eine objektive Meinung zu bilden. Ohne dieses spät entdeckte Nunchi hätte es vielleicht kein Happy End gegeben.

Partnerschaften mit Nunchi

Denken Sie an die Paare, die Sie gern um sich haben, und ich wette, dass diese gutes Nunchi besitzen. Paare, die Rücksicht auf die Gefühle des anderen nehmen und die die Bedürfnisse des anderen erspüren, nehmen diese positive und fürsorgliche Haltung auch anderen gegenüber ein. Wir alle wollen mehr Zeit mit solchen Menschen verbringen. Das Gegenteil gilt für Paare mit wenig Nunchi, die die Bedürfnisse des Partners entweder nicht sehen oder sich nicht darum scheren. Diese Paare möchte niemand um sich haben. Und was ist, wenn man sich in einer solchen Partnerschaft befindet? In der der Partner nicht zwischen den Zeilen lesen kann, wie es Ihnen geht, und nicht merkt, was seine Worte und Taten bei Ihnen auslösen oder was Sie gerade am meisten brauchen? Es bricht einem das Herz.

Ich weiß, dass viele Beziehungsexperten Nunchi keinen Wert beimessen und einem das genaue Gegenteil sagen – dass es nicht die Aufgabe des Partners ist, Ihre Gedanken zu lesen, und dass Sie Ihre Bedürfnisse klar und deutlich formulieren müssen.

Wenn es doch nur so einfach wäre! Leider vernachlässigt dieser Rat die Realität menschlicher Natur. Gefühle sind oft kompliziert und werden selbst von denjenigen, die sie durchleben, nicht völlig verstanden.

Und das ist niemandes Schuld. Frauen hat man üblicherweise dazu erzogen, nicht zu bedürftig zu erscheinen, indem sie um Zuneigung bitten; Männern hat man dagegen beigebracht, dass sie keine Gefühle wie Scham oder Trauer zeigen dürfen.

Nunchi ist pragmatisch, weil es anerkennt, dass Sie oder Ihr Partner nichts daran ändern können, wie Sie erzogen wurden. Sie können auch niemanden dazu zwingen, sein Nunchi einzusetzen und rücksichtsvoller zu werden. Nunchi fordert von Ihnen, eine Situation so zu erfassen, wie sie sich Ihnen präsentiert, und nicht so, wie Sie sie gern hätten.

Kontrollieren können Sie nur Ihr eigenes Nunchi. Hören Sie auf Ihren Partner: Wenn er eine langweilige Geschichte erzählt, nutzen Sie Ihr Nunchi-Ninja-Talent, um im Geist schnell zusammenzufassen, was Sie gerade gehört haben. Achten Sie auf den Kontext: Erzählt der Partner die langweilige Geschichte, weil er sich in der Arbeit oder anderswo nicht gehört fühlt? Ist die Geschichte langweilig, weil die wirklich wichtigen Details ausgelassen werden – weil sie vielleicht zu schmerzhaft sind? Versuchen Sie, erst nach seinem oder ihrem Tag zu fragen, bevor Sie selbst etwas erzählen. Zeigen Sie die Rücksichtnahme, die man auch Ihnen entgegenbringen soll.

Zu Ihrer großen Überraschung könnten Sie feststellen, dass sich die Verbesserung Ihres Nunchis auch auf das Ihres Partners oder Ihrer Partnerin auswirkt. Sie werden verständnisvoller reagieren, wodurch sich Ihr Partner sicherer fühlt, was ihm wiederum die emotionale Freiheit verschafft, Ihnen ebenfalls Aufmerksamkeit zu schenken. Wenn dann immer noch nur Sie sich aufmerksam und rücksichtsvoll verhalten, haben Sie vielleicht ein Kompatibilitätsproblem, das auch Nunchi nicht lösen kann.

Wir alle wollen in unseren engsten Beziehungen gesehen und gehört werden. Nunchi kann die Distanz zwischen zwei Menschen auf subtile Weise verringern und dabei große Erfolge erzielen.

Nunchi und gegensätzliche Arten der Kommunikation

Wissen Sie noch, wie Sie als Teenager die Antennen ausgestreckt haben, um herauszufinden, ob Ihre Eltern gerade guter Laune sind, wenn Sie um etwas wirklich Großes bitten wollten?

Wie etwa, zu einem Konzert gehen zu dürfen? Selbst ein sehr kleines Kind bemerkt, dass Mum vor dem ersten Kaffee am Morgen mürrisch ist oder dass Dad allem zustimmen wird, wenn man ihn fragt, während er seine Lieblingssendung im Fernsehen schaut und dabei nicht lange gestört werden will. Eine Klassenkameradin von mir fand heraus, dass sie ihren Eltern am besten abends zwischen sieben und neun Uhr von schlechten Noten erzählte, weil sie da immer die Slapstick-Shows schauten, die im koreanischen Fernsehen liefen.

Aus irgendeinem Grund berücksichtigen viele Menschen diese wertvollen Erkenntnisse nicht mehr, wenn sie erwachsen sind. Sie denken, dass sie dieses Herumschleichen und Einschätzen der Stimmung hinter sich gelassen haben, jetzt, da sie intelligent und reif sind und jeder doch einfach sagen kann, was Sache ist. Doch in der Realität übersteigt die Zahl der Erwachsenen, die nicht direkt kommunizieren können, bei Weitem die Zahl derer, die dazu in der Lage sind. Viele ausgeglichene Erwachsene bemerken erst nachdem sie mit ihrem Partner oder ihrer Partnerin zusammengezogen sind, dass sie sich plötzlich nicht mehr klar und deutlich äußern können und in die indirekteren Kommunikationsmuster ihrer Kindheit zurückfallen.

Der Partner, den Sie bisher für selbstbewusst und furchtlos hielten, schleicht vielleicht jetzt um Sie herum und zögert, von seinen Gedanken und Gefühlen zu erzählen, ohne sich dessen bewusst zu sein. Wenn Sie mit jemandem zusammenleben, der sich »zurückentwickelt« hat, ist das sicher frustrierend. Versuchen Sie, Ihr Mitgefühl zu entdecken – und Ihr Nunchi.

Es wäre natürlich viel leichter, wenn Ihr Partner oder Ihre Partnerin einfach sagen würde: »Mir ist kalt«, anstatt zu fragen: »Ist dir kalt?«, um auszutesten, ob es okay ist, die Heizung hochzudrehen. Doch er oder sie ist vielleicht in einem Haushalt aufgewachsen, in dem man Unwohlsein nicht zeigen durfte, wo selbst eine einfache Aussage wie »Mir ist kalt« als selbstsüchtig und ärgerlich angesehen wurde.

Wenn Ihr Partner zu indirekter Kommunikation neigt, sind Sie und Ihr Nunchi gefragt. Sie müssen sich dessen bewusst sein und Ihr Verhalten dementsprechend ändern, bevor Sie Ihren Partner anbrüllen, dass dieser sich verändern soll.

Sagen wir, Sie machen einen Spaziergang durch die Stadt, und Ihre Partnerin Sheila wird ungeduldig. Sie kennen sie lange genug, um zu wissen, dass ihr Blutzucker gesunken ist.

Sie: Verdammt, Sheila, warum hast du nicht gesagt, dass du Hunger hast? Wir sind schließlich gerade an diversen Restaurants vorbeigekommen.

Sheila: Ich dachte, das wäre klar. Hast du es nicht gemerkt? Außerdem habe ich dir vor einer Stunde schon gesagt, dass ich müde bin.

Sie: Ja, du hast gesagt, du bist müde, nicht hungrig, deshalb habe ich uns Kaffee besorgt! Hungrig und müde ist nicht dasselbe!

Sheila: Wenn mein Blutzucker absackt, werde ich müde und hungrig, also ist es doch dasselbe, Einstein.

Und so weiter. Paare, die solche Diskussionen führen, tun das oft *die ganze Zeit,* sehr zum Ärger ihrer Umgebung. Sie haben die Wahl: Sie können diesen Streit jedes Mal, wenn Sie aus dem Haus gehen, wieder aufleben lassen. Oder Sie können diesen Kreislauf mit Ihrem Nunchi durchbrechen.

Ja, Sheila sollte sich deutlicher ausdrücken: Wenn sie Hunger hat, sollte sie das auch klar sagen, vor allem wenn sie ein Problem mit ihrem Blutzuckerspiegel hat. Aber sie wird sich vielleicht nie ändern, und Sie können sie nicht dazu zwingen. Konzentrieren Sie sich auf Ihr Nunchi, Ihre eigene Kommunikation.

Denken Sie an Regel 6: Lesen Sie zwischen den Zeilen. Menschen sagen nicht immer, was sie denken, und das dürfen sie auch. Sheila ist kein Computer, ihre Worte sind keine vereinzelte Twitter-Nachricht eines gesichtslosen Fremden. Sie kennen den Kontext, zudem wissen Sie, dass sie nicht direkt kommuniziert.

Sie glauben jetzt vielleicht, ich würde Ihnen raten, Sheilas Körpersprache im Auge zu behalten, wenn Sie das Haus verlassen, um herauszufinden, ob sie vielleicht etwas essen muss. In diesem Fall tue ich das jedoch nicht; wenn jemand ein chronisches Problem wie niedrigen Blutzucker hat, ist es keine gute Idee, denjenigen zu überwachen.

Stattdessen empfehle ich, dass Sie Sheila fragen, *wann* sie etwas essen will, nicht *ob*. Wenn Sie das nächste Mal unterwegs sind, sprechen Sie das Thema sofort an, wenn Sie das Haus verlassen. Sie könnten zum Beispiel sagen: »In der York Street hat ein neuer Inder aufgemacht, und in der Nähe gibt es noch eine Pizzeria und diverse Straßenhändler, die Maroni verkaufen. Sag mir, *wenn du weißt, wo du etwas essen möchtest.*«

Wie haben Sie die Situation also verändert? Im vorherigen Szenario – dem immer wiederkehrenden Streit – haben Sie Sheila gesagt, sie müsse Sie informieren, wenn sie hungrig sei. Im zweiten Szenario schaffen Sie eine ausgeglichenere Atmosphäre, indem Sie ihr sagen, sie solle *das Restaurant wählen.*

Selbst wenn sich Ihr Partner oder Ihre Partnerin nie ändert, wird sich mit Nunchi die Stimmung zwischen Ihnen verbessern.

Der Edelmut von Nunchi

Es gibt ein koreanisches Kinderbuch mit Gedichten, das *Der Pups ohne Nunchi* heißt.[9] Das Cover, ein Meisterwerk, zeigt eine naive Zeichnung eines Jungen, aus dessen Hintern ockerfarbener Rauch aufsteigt, während zwei andere Jungen schreiend davonlaufen. Der Titel stammt aus dem längsten Gedicht des Buches: vier Strophen aus der Sicht eines Kindes, das mit seinem Freund Joonsang draußen spielt. Plötzlich pupst Joonsang laut. Der Pups hat kein Nunchi und nimmt keine Rücksicht auf andere. Der kindliche Erzähler hat jedoch ausgezeichnetes Nunchi und reagiert sofort: »Ich fange schnell an, die Ameisen auf dem Boden zu zählen«, erklärt er uns, »und Joonsang macht das auch. Eine Ameise, zwei Ameisen, drei ... Ich unterdrücke ein Lachen, als Joonsang rot im Gesicht wird.« Der Erzähler hat Joonsang ermöglicht, das Gesicht zu wahren, und eine Unterbrechung ihres Spiels vermieden. Mit anderen Worten, er hat eine gerundete Atmosphäre erschaffen.

Was der namenlose kindliche Erzähler tut, ist ein Akt von Nunchi-Edelmut. Diese Geschichte illustriert eines der besten Dinge an Nunchi: Man kann es einsetzen, ohne Aufmerksamkeit darauf zu lenken. Diskretion ist sogar seine starke Seite.

Auch Sie können in Ihrem Alltagsleben Joonsangs Freund sein. Nicht nur, wenn jemand pupst, sondern auch generell, wenn jemand in Verlegenheit gebracht wird.

Ihr Freund Tom kommt zum Beispiel allein zu einer Party, weil er sich erst kürzlich von seiner Frau getrennt hat. Außer Ihnen weiß das niemand. Karen geht auf Tom zu und fragt verständlicherweise: »Hey, wo ist denn deine bessere Hälfte?« Ein echter Nunchi-Ninja merkt, dass sicher noch einige andere Leute nach Toms Frau fragen werden. Statt allen die Neuigkeiten zuzuflüstern und dadurch unschönes Gerede zu verursachen, schlagen Sie Tom und einigen anderen eine Aktivität vor, bei der man sich konzentrieren und wenig reden muss. Schach, Pantomime, Poker, ein Strategiespiel, sogar Badminton. Und schon ist eine gerundete Atmosphäre wiederhergestellt, ohne weitere Aufmerksamkeit auf Toms Situation zu lenken.

Viele Freunde denken, sie stehen einander so nahe, dass sie nicht zwischen den Zeilen lesen müssen, wenn ein Freund etwas zu ihnen sagt. Das ist falsch. Sie sollten Nunchi auch bei Freunden einsetzen und nicht nur ihre Worte, sondern auch ihren persönlichen Hintergrund und geänderte Lebensumstände in Betracht ziehen. Vor ein paar Jahren habe ich leidenschaftlich gestrickt, was mir beinahe zum Verhängnis geworden wäre. Ich fragte meine Freundin Charlotte nach der Lieblingsfarbe ihrer Tochter Emily, weil ich ihr einen Schal stricken wollte. Ich schickte ein Foto eines Schals, den ich einmal angefertigt hatte. Ein paar Tage später antwortete Charlotte: »Ich wusste gar nicht, dass du mittlerweile strickst! Der Schal ist wunderschön, ganz toll geworden.« Eine sehr freundliche Antwort, aber achten Sie darauf, dass sie nicht gesagt hat, ich soll einen Schal für Emily stricken. Diese taktvolle Formulierung war ein Zeichen für ihr exzellentes Nunchi. Mein Nunchi-Anteil an der Sache war, auf den Schal zu verzichten.

Für mich war Emily auf ewig vier Jahre alt, deshalb hatte ich vergessen, dass sie jetzt schon fast ein Teenager war. Kein Kind in diesem Alter würde einen handgestrickten Schal tragen wollen.

Es ist nicht Charlottes Aufgabe, mir zu sagen: »Ich habe Emily das Foto gezeigt, und sie hat ›Auf gar keinen Fall!‹ darauf geantwortet«; das widerspräche Charlottes Erziehung, Menschen nicht verletzen zu wollen. Sondern es ist meine Aufgabe, zwischen den Zeilen zu lesen. Wenn ich darauf bestanden hätte, Emily den Schal zu stricken, hätte ich das Kind in die fürchterliche Lage gebracht, den Schal jedes Mal tragen zu müssen, wenn wir uns treffen. (Eine Anmerkung für alle Handarbeitsfans: Ich sage es ungern, aber überlegen Sie mit eingeschaltetem Nunchi, bevor Sie jemandem Ihre Kreationen schenken. Sonst fühlen diese sich dazu verpflichtet, Ihre Spitzendeckchen und Untersetzer auch zu verwenden!)

Oft bemerkt man Ihre Nunchi-Künste vielleicht nicht einmal, und das ist ein Zeichen, dass Sie wirklich gut darin werden.

Nunchi und Verwandte oder: Wie man mit Nunchi die Feiertage überlebt

Bei jedem gibt es ein paar Punkte, wegen denen es mit einem oder mehreren Familienmitgliedern richtig krachen kann. Es ist oft sehr schwer, die Dynamik mit einem Menschen zu ändern, den man schon sehr lange kennt. Selbst wenn man erwachsen geworden ist, kann es immer zu einem Ausbruch kommen, wenn zwei Menschen völlig unterschiedlich sind. Sie können zwar nicht die ursprünglichen Differenzen ändern, aber mit etwas Übung kann Nunchi dazu beitragen, sie abzuschwächen.

Denken Sie daran, sich nicht selbst zu belügen: Sie wissen genau, wann ein heikles Thema zu einem Streit mit einem Familienmitglied oder einem guten Freund führen kann, weil Sie diesen Streit wahrscheinlich schon Tausende Male vorher hatten. Benutzen Sie Ihr Nunchi, um noch vor den anderen unterschwellige Stimmungen wahrzunehmen, und machen Sie dieses Mal etwas anders. Und das tun Sie so oft, bis es zu einer Gewohnheit geworden ist. Bitte verhalten Sie sich nicht wie in einer griechischen Tragödie: Sie können den Kreislauf durchbrechen, und Sie sind nicht dazu verdammt, denselben Streit immer wieder auszufechten, als wären Sie eine Marionette der Götter. Wie ich in meiner Therapie immer wieder zu hören bekomme: »Sie müssen sich nicht an jedem Streit beteiligen, zu dem man Sie einlädt.«

Wenn die Familie involviert ist, sollten Sie Ihr Nunchi vor allem für sich selbst einsetzen. Verfallen Sie in alte, negative Verhaltensmuster, die immer schon dasselbe elende Ergebnis brachten? Sie versuchen zum Beispiel immer, den Mediator zu spielen, streitende Familienmitglieder dazu zu bringen, »sich zu umarmen, und dann ist alles wieder gut«? Wenn ja, stellen Sie Ihre eigenen Motive dafür infrage, und seien Sie ehrlich. Genießen Sie es so sehr, im Zentrum der Aufmerksamkeit zu stehen, dass Sie sogar freiwillig in einen Boxring steigen? Oder waren Sie schon immer die »Heilige« in ihrer Familie und versuchen, diese Rolle wieder einzunehmen? Vielleicht kommen Sie nach eingehender Überlegung zu dem Schluss, dass Sie genau das Richtige tun, aber dann haben Sie Ihre Rolle wenigstens bewusst gewählt und nicht automatisch, als steckten Sie in einer Endlosschleife fest.

Eine unpopuläre Meinung: Wenn Sie sich in einer zwischenmenschlichen Dynamik wiederfinden, die übermäßigen Einsatz von Nunchi von Ihrer Seite erfordert – sei es unter Kollegen, Freunden, in einer Beziehung oder der Familie –, sollten Sie darüber nachdenken, sich völlig zurückzuziehen. Nunchi ist wie Geld und Energie endlich. Wenn Sie es ständig als Ausweg aus unlösbaren Situationen nutzen, haben Sie nichts mehr für andere Bereiche Ihres Lebens übrig.

Mrs Ramsay: ein Vorbild an diskretem Nunchi

Ein Beispiel für eine zurückhaltende, stille Nunchi-Expertin ist die Figur Mrs Ramsay aus Virginia Woolfs Roman *Zum Leuchtturm*. Sie ist die perfekte Gastgeberin, jedoch nicht, weil sie spritzige Konversation mit ihren Gästen betreibt oder diese mit einem bestimmten Cocktail begrüßt. Sie weiß, dass sie nur die Kerzen im Esszimmer anzünden muss, um den Raum mit Liebe und Lachen zu füllen. Der Schein der Flammen bringt alle zusammen. Der Raum verändert sich wie durch Magie, von zänkisch und schnippisch zu vereint und wohlig. Die Missstimmung sowohl im Haus als auch von außen verschwindet. »Schlagartig vollzog sich in ihnen allen eine Verwandlung, so als wäre dies wirklich der Fall, und sie wären sich alle bewusst, dass sie in einer Höhle, auf einer Insel eine Gesellschaft bildeten; gemeinsame Sache machten gegen jenes Flüssige dort draußen.«

Fällt Ihnen eine Mrs Ramsay in Ihrem Leben ein – früher oder jetzt? Ich wette, da gab oder gibt es jemanden. Wenn nicht, können Sie selbst Mrs Ramsay sein. Mit der simplen Geste des Kerzenanzündens hat sie das »Klima« des Raums geändert und wurde dadurch zu einer besseren Ehefrau, Mutter, Gastgeberin und Freundin. Alles, ohne ein Wort zu sagen.

Reich oder arm, dominante Kultur oder Minorität, privilegiert oder nicht, homosexuell oder heterosexuell, männlich, weiblich und alles dazwischen – jeder kann »eine Kerze anzünden«.

Wenn Sie zum Beispiel mit Freunden zusammen sind und diese Joanie und Michael mit der Frage in Verlegenheit bringen, warum sie sich nach fünf Jahren Beziehung noch nicht verlobt haben, würden Sie vielleicht gern sagen: »Jetzt lasst die beiden doch mal in Ruhe.« Doch das würde nur noch mehr Aufmerksamkeit auf die Verlegenheit des Paares lenken und eine negative Stimmung erzeugen. Die Freunde könnten es Joanie und Michael sogar vorwerfen, dass sie sich jetzt wegen ihrer Fragen schuldig fühlen.

Es wäre sehr viel geschickter, wenn Sie ein Thema anschneiden, zu dem jeder eine Meinung hat, damit das Gespräch sofort eine andere Wendung nimmt. Alles, was mit *Game of Thrones* zu tun hat, eignet sich dafür meistens hervorragend, zum Beispiel verrückte Fan-Theorien. Je absurder, desto besser: »Ich habe das Gefühl, dass sich das Ganze am Ende in einer Spin-off-Serie als Fiebertraum aus der Sicht eines Pilzes entpuppt.« Alle werden dann so damit beschäftigt sein, sich über Sie lustig zu machen, dass sie Joanie und Michael völlig vergessen, und Sie haben die gute Stimmung wiederhergestellt.

Quiz

Ein Freund pupst laut während eines Dinners. Was tun Sie?

A) Sie sagen: »Ab jetzt gilt eine neue Regel: Keinen Kohl mehr in den zweiundsiebzig Stunden, bevor man mich besucht.«
B) Sie sagen: »Das warst nicht du, sondern der Stuhl. Die Polsterung macht komische Geräusche, wenn man sich daraufsetzt.«
C) Sie geben die Schuld jemandem, den Sie nicht mögen.
D) Sie lassen sich eine ablenkende Frage zu einem völlig anderen Thema einfallen, auf die alle etwas antworten können, zum Beispiel: »Wer wollte gleich noch mal roten und wer Weißwein? Damit ich weiß, wie viele Flaschen ich öffnen muss.«
E) Sie tun gar nichts.

Korrekte Antwort: D. Etwas zu fragen oder eine Aktivität vorzuschlagen, an der alle teilnehmen können, und damit die Aufmerksamkeit woanders hinzulenken, ist die Nunchi-Ninja-Methode. Ich würde sogar so weit gehen und »aus Versehen« ein Glas Wasser umwerfen oder, noch besser, etwas vorschlagen, das eine körperliche Aktivität erfordert, wie etwa: »Könnt ihr bitte alle mal eure Wassergläser genauer anschauen? An einigen scheint etwas herausgebrochen zu sein, und ich will nicht, dass ihr euch beim Trinken schneidet.« Antwort E ist auch nicht ganz falsch. Einen Furz zu ignorieren ist immer gut; man handelt allerdings Nunchi-gemäßer, wenn man, wie Mrs Ramsay, für eine Ablenkung sorgt.

KAPITEL 8

Nunchi in der Arbeit

David Brent: Frauen tragen Ketten, um die Aufmerksamkeit auf ihre Brüste zu lenken.

Frau: Nein ... Ich trage sie, weil sie mir meine Mutter kurz vor ihrem Tod geschenkt hat.

David Brent: Nun, sie hat sie wahrscheinlich getragen, um den Blick auf ihre Brüste zu lenken.

Aus der BBC-Fernsehserie The Office[10]

Die Figur David Brent aus der BBC-Serie *The Office*, gespielt von Ricky Gervais, ist eines der besten Beispiele für Nunchi-lose Atmosphäre in Büros. Er hält sich für urkomisch und merkt überhaupt nicht, wie unbehaglich sich alle winden, wenn er seine Witze erzählt. Er hält Motivationsreden, ohne zu merken, dass niemand dadurch motiviert wird. Als er zweiundvierzigtausend Pfund als Teil einer Abfindung erhält, gibt er alles für ein professionell produziertes Video von sich selbst aus, in dem er die Ballade von Simply Red aus den Achtzigern »If You Don't Know Me By Now« (mit echten Tauben) covert, weil er sein Starpotenzial völlig überschätzt.

Eine Variante des David-Brent-Typs ist die Büropest: In der

amerikanischen Sketch-Comedy-Show *Saturday Night Live* gibt es einen berühmten, immer wieder auftretenden Charakter, einen weit unten in der Hierarchie stehenden Buchhalter namens Richard, der zerknitterte Hemden trägt und genau neben dem Bürokopierer sitzt. Jedes Mal, wenn jemand das Gerät benutzt, macht er unnötigen Small Talk über das Kopieren: »Na, mal wieder kopiiiiieren? Randy! Der Rand-ster! Nur eine Kopie, Rand-man!«

Doch für jeden Kollegen ohne Nunchi gibt es mindestens einen mit herausragendem Nunchi, der viel weiter kommt, als seine oder ihre Fähigkeiten vermuten lassen. Nicht, dass derjenige schlechte Arbeit leisten würde, aber eben auch nicht mehr, und trotzdem wird er immer wieder befördert – keiner weiß genau, warum. Und nein, nicht weil er oder sie Beziehungen nach oben oder mit den richtigen Leuten geschlafen hat. Sie haben einfach schnelles Nunchi. Um von diesen Menschen etwas zu lernen, sollte man beobachten, wie sie andere beobachten. Sie schätzen ihre Umgebung immer genau ab.

Nunchi ist überlebenswichtig in der Arbeit, weil hier selten Klartext mit einem geredet wird. Aus Angst vor Klagen und der Panik der Aktionäre geben Unternehmen kaum wichtige Informationen heraus, die einen direkt betreffen, wie zum Beispiel Massenentlassungen. Es liegt an Ihnen und Ihrem Nunchi, das herauszufinden, damit Sie sich mit den richtigen Leuten verbünden und sich von den falschen distanzieren oder nach einem neuen Job suchen können, bevor das Fallbeil zuschlägt und Sie zusammen mit all den anderen Entlassenen zur selben Zeit um dieselben Jobs kämpfen.

Bei einer meiner früheren Stellen wurde einmal verkündet, dass eine nicht genannte Zahl von Mitarbeitern entlassen werden würde. Jeder hat spekuliert, wen es wohl treffen würde. Für mich war klar, dass die drei Kollegen würden gehen müssen, die sich erst kürzlich als Brandschutzbeauftragte der Firma gemeldet hatten. Und tatsächlich wurde allen dreien innerhalb weniger Monate gekündigt.

War ich eine Hellseherin? Natürlich nicht. Aber ich habe schnelles Nunchi. Doch auch so – warum genau diese drei? Sie waren alle so nett gewesen und hatten sich freiwillig gemeldet, sich im Fall eines Brandes um die ordnungsgemäße Evakuierung zu kümmern. Sie mochten Menschen. Vielleicht ein wenig zu sehr, da sie sich lieber unterhielten, als die Arbeit voranzubringen. Sie hatten die Werte des Unternehmens falsch verstanden und sich auf ihre Beliebtheit und weniger auf die Arbeit konzentriert. Mein Nunchi sagte mir, dass diese drei sich deshalb freiwillig als Brandschutzbeauftragte gemeldet hatten.

Das Unternehmen musste daraufhin drei neue Freiwillige finden. Ich lehnte ab. Innerhalb weniger Monate wurde auch zwei der neuen Brandschutzbeauftragten gekündigt. Ich will damit nicht sagen, dass man sich nicht für freiwillige Aufgaben melden soll, die die Kollegen unterstützen, doch wenn sich alle, die weniger leisten als andere, auf eine Aktivität stürzen (den Partyausschuss zum Beispiel), sollten Sie sich vielleicht besser zurückhalten. In der Arbeit wird man nach denen beurteilt, mit denen man sich umgibt.

Mit schnellem Nunchi können Sie bessere Leistungen im Job

erzielen, haben mehr Spaß dabei, behalten Ihre Stelle länger und bekommen die Gehaltserhöhungen, die Sie verdienen.

Nunchi und die Big Player der Geschäftswelt

Alle wahren Businesslegenden hatten oder haben unglaublich schnelles Nunchi. Das bedeutet allerdings nicht, dass sie bei Aufsichtsratssitzungen taktvoll waren oder Beliebtheitswettbewerbe gewonnen haben. Man kann unfreundlich sein und schnelles Nunchi haben, genauso wie man nett sein und schlechtes Nunchi haben kann. Nunchi ist moralisch neutral und hat nichts mit Liebenswürdigkeit zu tun.

Der verstorbene Steve Jobs war berühmt für seinen knappen Ton und seine unverhüllte Abscheu vor manchen Leuten, doch alles deutet darauf hin, dass er ein Nunchi-Meister war. Seine größten geschäftlichen Erfolge erzielte er, weil er Menschen besser verstand als diese sich selbst.

Als Mensch verkörperte Jobs genau das, was Nunchi – das »Augenmaß« – ausmacht: Er war berühmt für seinen durchdringenden Blick.

Jobs hat außerdem außergewöhnliches Nunchi gezeigt, als er vorhersagte, wie groß das Geschäft mit digitaler Musik werden würde. Er erzählte Walter Isaacson – der Steve Jobs' autorisierte Biografie schrieb –, als Apple den iPod auf den Markt brachte: »Wir übertrafen die Werbebudgets aller anderen um den Faktor hundert.«[11] Jobs war Pionier in Sachen User-angepasstem Design und hatte die unverrückbare Regel für die iPod-Entwickler aufgestellt, dass ein Anwender jeden Song mit drei Klicks oder weniger finden können müsse. Er wusste intuitiv, was die Nutzer nerven würde. Das ist pures Nunchi.

Ein weiteres Businessschwergewicht mit Nunchi ist Bill Gates. Als er im Jahr 2001 mit der Xbox auf den Markt drängte, sagte Gates voraus, dass Videospiele bald schon mehr Geld einbringen würden als Filme. Ich weiß noch, wie ich damals dachte, dass nur ein wahrer Game-Nerd glauben konnte, dass das Gaming mal so weit verbreitet sein würde. Doch ich hatte unrecht: Schon im Jahr 2004 hatte sich Gates' Voraussage erfüllt. Wegen Spielen wie *Halo* und *Call of Duty* hatten Videogames bald schon einen größeren Marktanteil als Spielfilme. Im Jahr 2018 hat der Umsatz von Videospielen den gesammelten Umsatz von Filmen *und* digitaler Musik übertroffen.[12] Diese Weitsicht besitzt Gates nicht nur, weil er ein Tech-Wunderkind ist, sondern weil er die Menschen genau einschätzen und mit seinem Nunchi erspüren kann, aus welcher Richtung der Wind weht.

Jeff Bezos ist ein weiterer Tech-Titan mit blitzschnellem Nunchi: Amazon hat in den ersten *vierzehn* Jahren seiner Existenz keinen Gewinn gemacht, weil für Bezos am wichtigsten war, eine loyale Kundenbasis aufzubauen. Der Profit käme danach. Viele hielten ihn für verrückt. Doch er verstand die Bedürfnisse der Kunden, wie es nur ein Nunchi-Meister kann.

Seine unerschütterliche Vision war es, die weltweit erste voll auf den Kunden ausgerichtete Firma aufzubauen. Sein Konzept erwies sich als so erfolgreich, dass ihm andere Händler mit großzügigen Rückgabemöglichkeiten folgten. Mittlerweile hat er einen Markt geschaffen, in dem es für einen Kunden unpraktisch ist, *kein* Amazon-Prime-Mitglied zu sein. Der Marktwert aller sich im Umlauf befindlichen Amazon-Aktien belief sich 2018 auf eine Billion Dollar.

Jobs, Gates und Bezos sind hervorragende Beispiele dafür, wie wichtig Regel 8 ist: Seien Sie geschickt, seien Sie schnell. Ihre Fähigkeit, sich an verändernde Marktbedürfnisse anzupassen, ist der Hauptgrund für ihren Erfolg.

Der Regisseur Steven Spielberg (dem wir *Der weiße Hai, Jurassic Park, Schindlers Liste* und vieles mehr zu verdanken haben) hat ein ebenso großes Talent für Nunchi wie für das Erzählen von Geschichten. 1984 hat ein Manager des produzierenden Filmstudios seine Unzufriedenheit mit dem Titel des Kultfilms *Zurück in die Zukunft* ausgedrückt – das Memo hat sich rasch verbreitet und wurde vielfach abgedruckt. Sein Gegenvorschlag? *Spaceman from Pluto* – Der Astronaut vom Planeten Pluto.

Spielberg war anderer Meinung, doch er antwortete nicht etwa mit so etwas wie: »Sie kümmern sich einfach nur ums Geld, okay?« In einem Interview aus dem Jahr 2015 mit dem Popkultur-Magazin *Shortlist* erzählte der Drehbuchschreiber von *Zurück in die Zukunft*, Bob Gale, dass Spielberg sehr raffiniert vorging. »Steven sagte zu uns: ›Keine Angst, ich weiß, wie ich mit ihm umgehen muss‹, bevor er einen Brief zurückschickte, in dem er schrieb: ›Hi Sid, vielen Dank für Ihr sehr unterhaltsames Memo, wir haben alle sehr gelacht und freuen uns auf weitere Vorschläge.‹ Steven wusste, [Sid] wäre es zu peinlich zu antworten, dass er das Memo durchaus ernst gemeint hatte. Zum Glück hat danach niemand mehr den Titel infrage gestellt. Ohne Steven hätte alles ganz anders kommen können.«[13]

Wahrscheinlich glauben Sie, Gegenbeispiele zu kennen, bei denen Nunchi nicht gleich für Erfolg steht: »Aber mein Boss ist der reinste David-Brent-Klon, und trotzdem hat er es irgendwie zum CEO eines internationalen Unternehmens geschafft!« Aber sind Sie sich sicher, dass Sie Menschen ohne Nunchi nicht mit solchen verwechseln, die ganz bewusst andere Leute ignorieren? Das ist nämlich nicht dasselbe. Ein einflussreicher Manager kann gutes Nunchi haben und bewusst unhöflich zu manchen Menschen sein, genauso wie jemand mit einem von Natur aus guten Stoffwechsel geboren sein kann und trotzdem durch schlechte Ernährung fett wird.

Natürlich schaffen es auch Menschen ohne Nunchi ganz nach oben, aber für wie lange? Und wer weiß, wie viel weiter sie mit besserem Nunchi gekommen wären? Ein hochrangiger Manager mit schlechtem Nunchi wird sehr wahrscheinlich irgendwann an einem Skandal oder anderen irreversiblen Hürden scheitern. Das passiert oft, wenn Menschen glauben, sie seien so wichtig, dass sie kein Nunchi brauchen, und ihre Kollegen haben Angst, ihnen die Wahrheit zu sagen. Genau diese Menschen scheitern dann oft spektakulär.

Das scheint auch auf Elon Musk zuzutreffen, den Technologie-Unternehmer, Ingenieur und Mitbegründer des Elektroauto-Herstellers Tesla. Man wird nie eine Reihe unüberlegter Tweets aus dem Jahr 2018 vergessen, darunter den Post, in dem er einen Taucher »Pädo« nannte, der an der Rettung der thailändischen Jugendlichen aus einer Höhle beteiligt war. Diese Tweets mangelndem Nunchi zuzuschreiben ist eine Untertreibung.

Im August 2018 schrieb Musk auf Twitter: »Überlege Tesla zu privatisieren. Aktien sind für $420 abzustoßen. Finanzierung gesichert.« Zuerst einmal, so macht man keine bedeutende Firmenentwicklung bekannt, noch bevor man sich mit dem Aufsichtsrat oder der US-Börsenaufsicht abgesprochen hat. Dann erklärte er später, dass sich die Zahl 420 auf den Slangausdruck für Cannabis bezog. Ein weiterer Beweis dafür, dass Musks Nunchi sich eine Auszeit genommen hatte. Wenn er dachte, dass ihn dieser Tweet hip aussehen ließ, dann hatte er den Raum nicht richtig analysiert; in den Medien und in den sozialen Netzwerken zog man genüsslich über ihn her, und der Ausspruch »funding secured« – also »Finanzierung gesichert« – verbreitete sich über diverse Internet-Memes.

Im September desselben Jahres verurteilte ihn die US-Börsenaufsicht wegen Aktienbetrugs zu zwanzig Millionen Dollar. Laut der offiziellen Pressemitteilung der Kommission erstreckte sich der Betrug »auf eine Reihe falscher und irreführender Tweets wegen einer potenziellen Überführung von Tesla in ein Privatunternehmen«.[14] Musk gab in diesem Jahr seinen Rücktritt vom Vorstandsvorsitz bekannt.

Jeder macht Fehler. Ein Mensch ohne Nunchi beharrt allerdings darauf. So auch Musk. Im Oktober 2018, nach seiner öffentlichen Blamage, schrieb er auf Twitter, dass es das »wert gewesen sei« – nicht nachvollziehbar und aus rechtlicher Sicht dumm, da die Untersuchung der US-Börsenaufsicht zu diesem Zeitpunkt noch nicht abgeschlossen war.

Ich mache mir keine großen Sorgen um ihn, aber sein Beispiel zeigt, dass man es zwar ohne Nunchi auch weit im Leben bringen kann, man allerdings blöde Preise gewinnt, wenn man blöde Spiele spielt.

Wie ist das Betriebsklima in Ihrer Firma?

Jeder mit gutem Nunchi versteht, dass man im Büro nicht jedem trauen kann. Es ist das Epizentrum von Doppelzüngigkeit und passiv-aggressiver Kommunikation. Selbst wenn Sie Ihre Kollegen lieben und Ihren Boss für ein Genie halten, sollten Sie Ihr Nunchi die ganze Zeit aktiviert lassen.

Wenn Sie allerdings wie die meisten Angestellten sind, ist Ihr Nunchi in der Arbeit besser als in anderen Lebensbereichen, weil Sie sowieso schon auf der Hut sind. Ich wette, dass Sie in Situationen wie den folgenden schon mit schnellem Nunchi reagiert haben:

- Eine Kollegin, die normalerweise Kapuzenpullis und Yoga-Pants trägt, geht plötzlich in einem schicken Anzug zu »Arztterminen«, und Ihnen wird klar, dass die Kollegin Bewerbungsgespräche führt. In der nächsten Woche kündigt sie dann auch tatsächlich.
- Sie bemerken, dass Ihr Kollege Ollie nicht mehr zu Meetings eingeladen wird. Einmal stellen Sie sich dumm und sagen: »Hey, soll ich Ollie schnell holen?«, worauf Ihr Boss erwidert: »Nicht nötig, wir können ihn später auf den neuesten Stand bringen.« Da erkennen Sie, dass die Firma Ollie entlassen will. Was einen Monat später auch passiert.

Ihnen fallen wahrscheinlich Dutzende weiterer Situationen ein, in denen Nunchi Ihnen den Kopf gerettet oder fehlendes Nunchi Sie eine Gehaltserhöhung, Verbündete oder sogar den Job gekostet hat.

Mit gutem Nunchi können Sie Kollegen von einer Idee überzeugen, ohne dass diese sich überredet fühlen.

Stellen Sie sich zum Beispiel vor, dass Sie Teil eines riesigen Projekts sind, bei dem alte Gehaltsabrechnungen auf den neuesten Stand gebracht werden sollen. Ein Großteil Ihres Teams denkt, dass man diese Arbeit im Haus erledigen sollte. Doch Darren glaubt, dass man alles an eine andere Firma outsourcen sollte. Sie und die anderen machen sich Sorgen, dass die Firma dann noch mehr Aufgaben nach draußen geben will, bis keiner von ihnen mehr einen Job hat. Darren dagegen sagt, dass er keine Zeit hat, die Akten auf den neuesten Stand zu bringen.

Das Problem muss schnell gelöst werden. Eine Diskussion darf niemals so lange andauern, bis alle erschöpft sind. Normalerweise haben die Vorgesetzten dann nämlich die Nase voll und treffen einfach eine Entscheidung. Außerdem müssen Sie danach immer noch mit Ihren Kollegen auskommen, und Sie wollen diesen Kampf nicht gewinnen, nur um dann später bei neuen Entscheidungen allein dazustehen.

Was tun Sie also? Die gute Nachricht ist, dass Kollegen Ihnen immer (ob bewusst oder nicht) sagen werden, was Sie tun müssen, um sie zu überreden.

Fragen Sie zuerst Darren, warum er glaubt, dass das Projekt nach draußen gegeben werden soll – selbst wenn Sie denken, seine Antwort zu kennen. Achten Sie darauf, was er *nicht* sagt.

Vielleicht antwortet er: »Es ist zu viel Arbeit, um alles im Haus zu erledigen – ganz einfach.« Aber warum spricht er die wahre Gefahr nicht an, dass das Outsourcen eines großen Projekts ihn den Job kosten könnte? Weil er etwas weiß, das Sie nicht wissen? Sehen Sie ihn sich an: Wirkt er selbstzufrieden? Vielleicht weiß er, dass sein Job sicher ist, weil man ihn für eine Beförderung vorgesehen hat, und es ist ihm egal, was mit Ihnen anderen passiert. Oder verhält er sich auch bei anderen Dingen indifferent und lethargisch? Vielleicht will er kündigen, und ihm ist jetzt alles egal. Denken Sie an sein Verhalten in letzter Zeit: Gab es Anzeichen, dass er nach einer neuen Stelle sucht? Wie auch immer, er ist jedenfalls nicht auf Ihrer Wellenlänge. Er denkt nur kurzfristig.

Wenn Sie fürchten, dass das zutreffen könnte, beziehen Sie

sich darauf. Legen Sie das Schwert beiseite, und jammern Sie nicht länger: »Aber wir werden alle gefeuert.« Bieten Sie an, Darrens Anteil an dem neuen Projekt zu übernehmen – ernsthaft –, damit er Ihrem Vorschlag zustimmt. Schaffen Sie das doppelte Arbeitspensum? Wahrscheinlich nicht, aber das ist egal. Sie haben gewonnen. Sie haben nicht nur Darrens einziges Gegenargument entkräftet, sondern auch Ihre Kollegen und Vorgesetzten damit beeindruckt, wie sehr Sie sich dem Projekt verschrieben haben und ihnen das Leben erleichtern.

Wenn diese Aufgabe für die Firma höchste Priorität hat, dann können Sie auch später noch nach zusätzlichen Arbeitskräften fragen. Vielleicht muss Darren dann trotzdem antreten; und er kann nicht ablehnen. Das kurzfristige Ziel ist, eine Einigung zu erreichen und Harmonie zu schaffen. Danach ist alles andere auch möglich.

Sein Nunchi in der Arbeit sinnvoll einzusetzen heißt, hinzuhören, was zwischen den Zeilen gesagt wird, und weniger auf die offiziellen Meldungen zu achten. Natürlich klingt es charmant, wenn jemand die Firma verlässt, um »sich neuen beruflichen Herausforderungen zu stellen« oder »mehr Zeit mit der Familie zu verbringen«, doch die meisten von uns wissen, dass das einfach die offizielle Sprachregelung für jemanden ist, der entlassen wurde. Was wird in Ihrem Arbeitsumfeld sonst noch nicht ausgesprochen?

Hier sind einige Beispiele dafür, was nicht deutlich kommuniziert wird, aber was Ihr Nunchi in einer typischen Arbeitsumgebung trotzdem verstehen wird:

- Einfaches Nunchi: Eine Gruppe wirft sich immer gegenseitig Blicke zu, wenn einer von ihnen einen Witz macht. → Sie sind eine Clique.
- Fortgeschrittenes Nunchi: Jemand beruft plötzlich viel mehr Meetings als bisher ein, zu Themen, die man auch per E-Mail hätte besprechen können. → Dieser Jemand hatte kürzlich Ärger mit dem Vorgesetzten.
- Nunchi-Ninja: Ein Angestellter mit niedrigem Rang ist unglaublich dumm, bekommt aber nie Probleme deswegen. Selbst die Höhergestellten sind höflich zu ihm. → Diese Person steht unter dem Schutz von jemand Einflussreichem in der Firma. Seien Sie nett zu ihr.

Wer schafft es am besten, die Kollegen von den eigenen Ideen zu überzeugen, und wie geht das? Indem Sie Ihre Arbeitskultur beobachten, erhalten Sie Antworten auf Fragen, die zu stellen Ihnen nicht einmal bewusst gewesen war.

Worauf wird an Ihrem Arbeitsplatz Wert gelegt? Arbeiten Sie in einer Firma, in der jeder um acht Uhr morgens am Schreibtisch sitzt? Oder ist es egal, wann jemand anfängt, solange er kreative Ideen beisteuert? Nunchi bedeutet, den Raum zu analysieren und zu verstehen, dass jeder hier – und damit jeder Arbeitsplatz – unterschiedlich ist.

In Frankreich habe ich bei einer Firma gearbeitet, in der viel geschrien wurde. Dort dachte man, wenn ich ganz ruhig antworte, nehme ich sie nicht ernst. Das war ein Kulturschock für mich, da meine »angelsächsische« (wie die Franzosen es nennen) Seite Ruhe in allen Situationen befürwortet und denkt, dass derjenige, der zuerst die Stimme erhebt, den Streit verliert. Um mit meinen französischen Kollegen zurechtzukommen, musste ich auch schreien. Als ich Jahre später zu einer amerikanischen Firma wechselte, musste ich wieder lernen, ruhig zu bleiben, weil das sonst das Ende meiner Karriere gewesen wäre.

Und selbst innerhalb eines Unternehmens ändert sich die Arbeitskultur im Lauf der Zeit, manchmal auch unglaublich schnell. Ein Wechsel im Management kann zum Beispiel die Unternehmenskultur fundamental ändern. Wenn der alte CEO überall inspirierende Poster mit Aufschriften wie »Teamwork« hängen hatte, wohingegen der neue CEO nur Bilder von seinem Segelboot im Büro hat, befinden Sie sich in einer völlig neuen Arbeitsumgebung, selbst wenn der Firmenname in der Lobby gleich bleibt. Die Fähigkeit, die Stimmung im Raum zu erfassen, selbst wenn dieser sich verändert, wird Sie immer wach und anpassungsfähig bleiben lassen.

Nunchi bei Meetings

Wenn Sie ein Meeting leiten, bieten Sie am Anfang immer – immer – IMMER – ein paar Häppchen an. Es muss kein Catering sein oder etwas anderes Aufwendiges; selbst wenn Sie nur eine

Schachtel mit billigen Schokoriegeln herumgehen lassen, hilft das schon. Sagen Sie ruhig: »Hallo zusammen, ich habe ein bisschen Schokolade [oder was auch immer] mitgebracht.« Achten Sie darauf, wirklich alle zu begrüßen, um zu signalisieren, dass Sie alle für die eine Stunde, die das Meeting wahrscheinlich dauern wird, ein gemeinsamer Organismus sind.

Reichen Sie den Snack der Person zu Ihrer Linken und bitten Sie, die Schachtel im Kreis herumgehen zu lassen. Stellen Sie das Essen nicht einfach mitten auf den Tisch, damit sich jeder selbst bedienen kann, denn das widerspricht dem Zweck der Übung. Die Kreisbewegung der Schachtel durch den Raum schafft eine gerundete Atmosphäre. Alles ist im Fluss und miteinander verbunden, wie ein Staffellauf, bei dem man den Stab weiterreicht. Auf diese Weise müssen die Anwesenden auf die anderen im Raum achten – zumindest die Personen, die links und rechts von ihnen sitzen –, was das Bewusstsein für den »Schwarmgeist« erhöht. Diese Methode funktioniert auch, wenn jemand keine Schokolade nimmt. Außerdem sind alle erst mal beschäftigt und ärgern sich weniger über die Kollegen, die zu spät zur Runde stoßen.

Dieser Energiekreis ist ein kraftvolles Mittel, um Einigkeit zu erzielen. Die Zusammenarbeit wird besser werden, die Kollegen werden interessierter zuhören, was Sie und die anderen zu sagen haben, und Sie erreichen mit größerer Wahrscheinlichkeit, was Sie sich für das Meeting vorgenommen haben.

Diese Übung nützt nicht nur den Kollegen, sondern auch

Ihnen! Wer isst, spricht nicht. Selbst wenn die Stille nur ein paar Sekunden dauert, nutzen Sie die wertvolle Zeit, um sich zu konzentrieren und ein paarmal tief durchzuatmen. Und vergessen Sie nicht, die Anwesenden zu beobachten.

Essen lässt Menschen gesprächig werden. Gut. Sie werden aus den folgenden Unterhaltungen erfahren, dass Siobháns Lieblingsgeschmack Kirsche ist, dass Julie schon ihr ganzes Leben lang auf Diät und David Halb-Belgier ist. Für einen normalen Menschen sind das zu vernachlässigende Details. Für einen Nunchi-Ninja gibt es so was nicht: Alle Informationen sind wertvoll, ob man sie gerade braucht oder nicht.

Sie erfahren so auch, wie es den Kollegen gerade geht: Nutzen Sie diese Momente, um zu erkennen, wer müde aussieht oder verärgert, wer hektisch auf dem Laptop tippt, wer Ihre Süßigkeiten nie annimmt, wenn er oder sie sich über Sie ärgert. Richten Sie das Meeting dahin gehend aus, und schmeicheln Sie denen, die es offensichtlich brauchen. Wenn jemand abgelenkt wirkt, bitten Sie diese Person als Erstes um ihre Meinung, um sie ins Meeting zurückzuholen. *Ihr* Meeting.

Nicht zuletzt zeigt das Mitbringen von Essen zumindest gute Manieren, und wie die Regel 5 besagt: Manieren gibt es aus bestimmten Gründen. Manchmal sind diese auch mal egoistisch, nämlich um das Meeting unter Kontrolle zu bringen.

Wenn solche Termine eigentlich nicht zu Ihren Aufgaben gehören, nutzen Sie diese hervorragende Chance trotzdem und beobachten die Anwesenden. Selbst wenn Sie Meetings hassen, gehen Sie zu den freiwilligen, wenn es Ihre Zeit erlaubt. Sie werden zehnmal mehr über die Kollegen lernen als bei Sitzungen, in denen Sie im Mittelpunkt stehen.

Wessen Vorschläge werden immer eifrig nickend befürwortet? Wessen Ideen werden gleich abgeschmettert? Sind sich zwei Leute immer uneins, egal, worum es geht? Wenn es jemandem immer gelingt, Kollegen am Ende des Meetings auf seine Seite zu ziehen, wie macht er oder sie das? Haben diejenigen, deren Stimmen gehört werden, eine bessere Haltung? Sprechen sie langsamer und deutlicher? Oder setzen sie ihr Nunchi ein, indem sie auf jede negative Körpersprache mit der Frage reagieren: »Und was meinen Sie? Das würde mich sehr interessieren.«

Diese ganzen Details werden Ihnen mehr über die Bürodynamik verraten, als wenn Sie jedes Mitglied Ihres Teams persönlich zu seiner Meinung über alle Vorgänge in der Firma befragen würden.

Beobachten, beobachten, beobachten; zuhören, zuhören, zuhören. Zwei Augen, zwei Ohren, ein Mund.

Nunchi und Bürogeselligkeit

Beim nächsten Empfang oder geselligen Beisammensein Ihrer Firma bleiben Sie nach Betreten des Raums bei der Tür stehen, bevor Sie mit jemandem reden, und nehmen den Raum als Ganzes in sich auf, als müssten Sie ihn später aus der Erinnerung zeichnen. Wer ist da, wer steht wo? Ergibt ihr Verhalten Sinn aufgrund dessen, was Sie über die jeweiligen Personen wissen? Signalisiert ihre Körpersprache eine Hierarchie, die vom Firmenorganigramm abweicht? Wer steht beim Essen? Bei den Getränken? Beim Chef?

Sie können viel mehr über die Firmendynamik lernen, wenn Sie den Raum auf sich wirken lassen, als wenn Sie im Internet die Selbstdarstellung des Unternehmens lesen.

Eine Gehaltserhöhung verhandeln

Thea setzte sich mit ihrer Vorgesetzten, Ms Labertasche, zusammen, um nach einer Gehaltserhöhung zu fragen. Man hatte ihr bereits eine Beförderung angeboten, das neue Gehalt stand allerdings noch im Raum.

Wie jeder gute Verhandlungsführer Ihnen sagen wird, sollten Sie versuchen, den finanziellen Rahmen herausfinden, den Ihr Gegenüber im Kopf hat, *bevor* Sie Zahlen in den Raum werfen. Was bedeutet, dass Sie Regel 4 befolgen: Lassen Sie nie eine gute Gelegenheit verstreichen, den Mund zu halten. Wenn Sie aufmerksam zuhören, wird Ihnen Ihr Gegenüber von sich aus alles erzählen, was Sie wissen müssen.

Thea wusste aus Erfahrung, dass Ms Labertasche unendlich viel redet und jeden Moment der Stille sofort mit dem Klang ihrer eigenen Stimme füllen muss. Deshalb sagte Thea gleich geradeheraus: »Nachdem ich gerade befördert wurde, möchte ich mit Ihnen über eine Gehaltserhöhung reden.«

Dann schwieg sie, worauf Ms Labertasche wie erwartet das Wort ergriff und antwortete: »Wahrscheinlich ärgert es Sie, dass wir Ihnen letztes Jahr nicht die dreiprozentige Gehaltserhöhung wegen gestiegener Lebenshaltungskosten gegeben haben.«

Thea hatte keine Ahnung, was ihre Vorgesetzte meinte, schwieg jedoch weiter. Worauf Ms Labertasche natürlich gleich weitersprach.

»Gut, das ist verständlich.« (Wie gesagt, Thea hatte nichts erwidert; sie wusste nicht einmal, dass ihr die angesprochene Lohnerhöhung zugestanden hätte.) »Zwei Jahre Gehaltserhöhung wegen gestiegener Lebenshaltungskosten ... Das wären dann sechs Prozent mehr, aber darüber hinaus?«

Thea schwieg immer noch. Ihre Chefin sprach weiter: »Ich meine, ich kann Ihnen nichts Sechsstelliges zahlen; das wären fünfundzwanzig Prozent mehr, als das höchstrangige Mitglied Ihres Teams bekommt.«

Bingo! Auf diese Antwort hatte Thea gewartet. Ohne es zu merken, hatte Ms Labertasche ihr genau den Rahmen genannt, in dem Thea ihren Gehaltswunsch platzieren konnte. Die untere Grenze lag bei sechs Prozent Erhöhung, die obere bei achtzigtausend Dollar, zumindest schätzte Thea, dass das höchstrangige Mitglied ihres Teams etwa so viel bekam, wenn die hunderttausend nicht erreicht werden durften. Sie wusste, dass die Firma ihr ein niedrigeres, aber wahrscheinlich akzeptables Gegenangebot machen würde, was sie auch getan hat. Schließlich bekam sie zwanzig Prozent mehr Gehalt, und weil Ms Labertasche ihre Karten offengelegt hatte, wusste Thea zu ihrer großen Zufriedenheit, dass sie sich nicht übers Ohr hatte hauen lassen.

Man sagt, eine faire Verhandlung fängt erst an, wenn wenigstens ein Verhandlungspartner sich vom Angebot des anderen beleidigt fühlt. Wenn Ihren Chef Ihre Gehaltsvorstellung entsetzt, ziehen Sie sich nicht zurück. Sie haben das Richtige getan.

Neue Kollegen einstellen

Es gibt überall dampfende Misthaufen, die sich tagsüber in Menschen in Anzügen verwandeln, und mindestens fünf davon werden von jeder Firma eingestellt, für die ich gerade arbeite. Das dürfte bei Ihnen nicht viel anders sein. Wenn diese Kollegen schon dort waren, als Sie Ihre Stelle antraten, okay. Aber wenn Sie das Glück haben, auf Ihrer Position Bewerbungsgespräche zu führen, dann beschwören Sie Ihr Nunchi nicht nur zu hundert Prozent herauf, um die Kandidaten genau unter die Lupe zu nehmen, sondern auch um die Kollegen davon zu überzeugen, wer eingestellt werden soll. Denn die erwähnten Gestaltwandler holen immer ihre Freunde nach, weshalb schon einer von ihnen zu viel ist. Noch dazu wird man sie seltsamerweise auch kaum wieder los.

Menschen lügen in ihren Bewerbungen viel mehr als früher, was bedeutet, dass Ihr Nunchi als Hiring Manager hellwach sein muss. Ein Teil des Problems ist, dass die Lebensläufe in der ersten Runde oft von Computeralgorithmen ausgewertet werden. Wenn eine Bewerbung die magischen Stichwörter enthält, die die Personalabteilung für die jeweilige Stelle definiert hat (zum Beispiel JavaScript, Telemarketing, Management), wird der Algorithmus sie auswählen und weiterreichen. Andere Bewerber erhalten eine automatische Absage. Deshalb stopfen Bewerber ihre Lebensläufe mit Fähigkeiten voll, die sie gar nicht haben, aus Angst, dass der Computer sie sonst aussortiert. Was leider dazu geführt hat, dass manche in allen Bereichen ihres Lebenslaufs lügen.

Für schlechte Hiring Manager ist die geschriebene Bewerbung eine reine Formalität. »Ich habe ein gutes Gefühl bei dieser Kandidatin«, sagen sie, oder »Er hatte einen schön festen Handschlag«, mehr nicht. Doch wahres Nunchi heißt nicht, dass Sie *nur* die Körpersprache analysieren und Ihrem Gegenüber in die Augen sehen. Es bedeutet auch, ganz wörtlich zwischen den Zeilen des geschriebenen Lebenslaufs zu lesen. Mithilfe dieses Dokuments stellen Sie eine Verbindung zu dem Menschen Ihnen gegenüber her. Wenn die beiden nicht zusammenpassen, sollten Sie nicht auf Ihr »gutes Gefühl« hören. Und vergessen Sie nicht, dass ein »gutes« oder »schlechtes Gefühl« in Bezug auf jemanden auch auf unbewussten Vorurteilen zu Geschlecht, Herkunft, Attraktivität oder was auch immer für Faktoren beruhen kann, die zu haben niemand zugibt.

Ich kann aus meiner eigenen Büroerfahrung erzählen, dass man mich regelmäßig ignoriert hat, wenn ich einem Bewerber aufgrund eines unehrlichen Lebenslaufes absagen wollte. »Das ist doch nicht so schlimm«, wurde mir gesagt, wenn andere den Kandidaten sympathisch fanden. Doch ein Hiring Manager mit schnellem Nunchi weiß, dass bestimmte kleine Dinge auf sehr viel größere Probleme hindeuten. Leider stehen viele Menschen unter dem sozialen Druck, nicht kleinlich erscheinen zu wollen, wenn sie sagen, dass etwas auf etwas »hindeutet«. Ich habe zum Beispiel die Erfahrung gemacht, dass Leute, die von sich behaupten, sie sprächen eine Sprache »fließend«, obwohl das nicht stimmt, generell hochgradige Schwindler sind.

Entschuldigen Sie diese Menschen nicht, indem Sie sagen: »Nun, ›fließend‹ kann man so oder so interpretieren.« Soll das ein Witz sein? Da gibt es nichts zu interpretieren. Manche Menschen behaupten, sie sprächen eine Sprache fließend, wenn sie gerade mal ein Mittagessen in einem Restaurant bestellen können. Für mich ist es sogar ein Zeichen für kulturelle Ignoranz: Vorzugeben, man spräche eine Sprache fließend, ist eine Beleidigung für all die Millionen Menschen, die diese Sprache tatsächlich beherrschen. Seien Sie wenigstens so anständig zu sagen: »Ich habe Kenntnisse in …« Oder: »Ich lerne gerade …« Niemand wird Ihnen da einen Vorwurf machen.

Menschen, die gewohnheitsmäßig falsche Angaben zu ihren Fähigkeiten machen, sind nicht vertrauenswürdig, egal, ob die Stelle diese Fähigkeiten erfordert oder nicht. Diese Menschen führen andere ständig hinters Licht, ohne erwischt zu werden.

Sie setzen lieber die schlauen Kids unter Druck, ihre Hausaufgaben für sie zu machen. Wehe, Sie sind so ein schlaues Kind!

Nunchi und dumme Kollegen

Das Erstaunliche bei dummen Menschen ist der Einfluss, den sie in einer Firma ausüben können. Das liegt an ihren mit allem Nachdruck vertretenen Überzeugungen und dem Rätsel, wie rasch sich dumme Ideen verbreiten.

Wenn jemand wirklich dumm ist, dann weiß er nicht, wie dumm er ist. Der Dunning-Kruger-Effekt ist eine der stärksten Kräfte im Universum, gleichauf mit der Schwerkraft und dem Zinseszins.

Wie um alles in der Welt wird man dann mit einem offensichtlich unüberwindlichen Feind wie der Idiotie fertig? Menschen zu sagen, wie dumm man sie findet, ist erstaunlich sinnlos; glauben Sie mir, ich habe es versucht. Vergessen Sie nicht, dass Sie nicht Ihre Klugheit unter Beweis stellen wollen. Ihr Gegenüber soll Ihnen zustimmen, damit keiner von Ihnen Ärger bekommt. Büro-Nunchi bedeutet Überleben, nicht Egopflege.

Wer sein Nunchi wirklich beherrscht, nutzt die sokratische Methode. Der griechische Philosoph Sokrates war berühmt dafür, sich dumm zu stellen, wenn Leute ihm zustimmen sollten. Er stellte seinem Gegenüber Fragen, um ihm die logische Fortführung ihrer Debatte zu demonstrieren. Sokrates ließ sein Gegenüber glauben, dass jegliche Erkenntnis seine eigene wäre.

Seien Sie wie Sokrates. Warum? Weil jeder, egal, ob klug oder dumm, gerne von sich glaubt, Einfluss zu haben.

So könnte ein Gespräch ablaufen:

Dummer Kollege:	Okay, wir brauchen niedliche Mäusebilder für unser Serienmail an die Kunden, aber Robert aus der Grafikabteilung ist krank, deshalb habe ich diese Micky-Maus-Bilder reinkopiert.
Sie:	Oh, also hast du die Erlaubnis von Disney dafür? Wow! Wie hast du es geschafft, dass sie so schnell zugestimmt haben?
Dummer Kollege:	Nein, ich habe keine Erlaubnis. Aber das wird schon okay sein.
Sie:	Oh, hat sich die Rechtsabteilung endlich etwas locker gemacht und nicht mehr ständig Angst, dass wir verklagt werden könnten? Himmel, die sind wirklich so was von verspannt, nicht wahr?
Dummer Kollege:	(überlegt) Nein, ich habe nicht mit der Rechtsabteilung gesprochen. Weißt du was? Mir ist gerade noch etwas anderes eingefallen, wo wir niedliche Mäuse finden können. Disney ist sowieso viel zu klischeehaft.

Sie verstehen, was hier gerade passiert ist? Der dumme Kollege merkt, dass Sie vermutlich recht haben, doch mit der sokratischen Methode haben Sie ihm ermöglicht, so zu tun, als sei es seine Idee, die Disney-Bilder doch nicht unerlaubt zu verwenden. So konnte der dumme Kollege sein Gesicht wahren. Dafür wird er Ihnen dankbar sein.

Nunchi ist im Grunde Kampfsport: Wenn jemand Sie mit einer unglaublich dummen Idee attackiert, die alle ihren Job kosten wird, verschwenden Sie keine Kraft und wehren sich. Nutzen Sie stattdessen das Gewicht seines Starrsinns gegen ihn. Gehen Sie auf seine Dummheit ein, und er sieht den Fehler vielleicht von sich aus ein.

Wie man in der Arbeit seine Ziele erreicht

Am besten erreicht man mit Nunchi in der Arbeit seine Ziele, indem man herausfindet, was der oder die Vorgesetzte möchte und was die Chefebene darüber möchte. Dann müssen Sie nur noch einen Weg finden, Ihr persönliches Ziel als die Lösung des Problems zu präsentieren: Das bringt Ihnen Bonuspunkte ein, weil Sie ein Problem gelöst haben, von dem die Chefs gar nichts wussten. Angestellte mit gutem Nunchi haben nicht nur ihre individuelle Rolle und ihre persönlichen Ziele im Blick, sondern das Unternehmen als Ganzes und wie ihre eigenen Ziele dazu passen, und nutzen das zu ihrem Vorteil.

Antony möchte eine Beförderung, doch er weiß, dass seine Firma finanziell gerade nicht gut dasteht. Auch wenn er hervorragende Arbeit leistet und sich bereit für einen Managerposten fühlt, ist ihm bewusst, dass es in der gegenwärtigen Situation undiplomatisch wirken könnte, wenn er einfach zu seiner Chefin geht und um eine Beförderung bittet. Statt sich zu ärgern, dass er gerade ausgebremst wird, oder sich bei seinen Kollegen über die mangelnden Aufstiegsmöglichkeiten zu beschweren, beobachtet Antony genau sein Umfeld, die eigene Beförderung immer im Hinterkopf. Er bemerkt, dass seine Chefin immer besonders gestresst wirkt, wenn sie Jour-fixe-Termine mit den vielen Kollegen hat, die an sie berichten, darunter auch Antony. Er hört, wie sie zu ihrem Vorgesetzten sagt, dass die Teamleitung Zeit frisst, in der sie neuen Umsatz generieren könnte.

Bei seinem nächsten Jour fixe schlägt Antony eine neue Teamstruktur vor, in der fünf Kollegen direkt an ihn berichten und er seiner Chefin damit Arbeit abnimmt. Ein paar Wochen wird noch diskutiert, doch dann ist das Team nach seinen Vorschlägen umstrukturiert, und er wird befördert. Vor allem schätzt ihn seine Vorgesetzte jetzt als klugen und ehrgeizigen Problemlöser und sieht ihn nicht als jemanden, der sich über ausbleibende Beförderungen beschwert.

Nehmen Sie sich die Zeit, Ihre Vorgesetzten zu beobachten und herauszufinden, wo die Hauptprioritäten liegen. Dann überlegen Sie, wie Sie als Angestellter mit gutem Nunchi aus den sich daraus ergebenen Möglichkeiten das Beste machen können.

Die Suche nach einem neuen Job

»Also, beginnen wir mit dem Elefanten im Raum«, sagte eine Recruiterin einmal zu mir, kurz nachdem ich mich ihr gegenüber niedergelassen hatte.

Ich bewarb mich um eine Stelle bei einer Zeitschrift und hatte keine Ahnung, was sie mit ihrer Bemerkung meinte. Mein Nunchi riet mir zu schweigen, auch wenn ich die ganze Zeit dachte: »Hat sie irgendetwas Schlechtes über mich gehört? Habe ich Spinat zwischen den Zähnen?«

Sie fuhr fort: »Der Grund für die kürzlichen Entlassungen waren *nicht* finanzielle Probleme. Die Zeitschrift verpasste sich ein neues Image, was einige unserer Angestellten von der alten Garde nicht unterstützten. Wir setzen unsere ältere Belegschaft doch nicht einfach auf einer Eisscholle aus.«

Alles, was ich für dieses Bewerbungsgespräch wissen musste, stürzte innerhalb der ersten drei Minuten auf mich ein, noch bevor ich irgendetwas über mich erzählt hatte. Welche Informationen enthielten diese wenigen Sätze? Dass man nicht nur einen, sondern viele hochrangige und wahrscheinlich gut bezahlte Angestellte entlassen und sich dadurch einen so schlechten Ruf eingehandelt hatte, dass die Personalabteilung sich in vorauseilendem Gehorsam dafür entschuldigen musste. Vielleicht war das hier nicht der ideale Arbeitsplatz. Ich wusste auch, dass ich die Personalerin in der nächsten Auswahlrunde davon würde überzeugen müssen, dass ich mich an das neue Image einer Firma sehr gut anpassen konnte und wie sehr mir die Neuausrichtung der Zeitschrift gefiel.

Man meldete sich jedoch nicht mehr bei mir. Ich weiß nicht, ob die Stelle besetzt wurde. Ich weiß nur, dass weniger als ein Jahr später ein anderes Mitglied der Personalabteilung mich über LinkedIn wegen derselben Stelle kontaktierte. Die Firma hatte also nicht nur Probleme, die eigenen Angestellten zu halten, sondern auch die Recruiter. Nach diesen ersten paar Minuten meines Bewerbungsgespräches war das keine Überraschung.

Lassen Sie bei einem Interview Ihr Gegenüber so viel wie möglich reden, und unterdrücken Sie das Bedürfnis zu sagen, wie gut Sie für den Job geeignet wären. Warum? Weil der Interviewer Ihnen genau verraten wird, wonach er sucht, welche Werte die Firma vertritt und vielleicht sogar, warum die Stelle nachbesetzt wird, auf die Sie sich bewerben. Wenn Sie das alles wissen, können Sie viel leichter die richtigen Antworten geben.

Das größte Potenzial Ihres Nunchis? Menschen reden zu viel.

Viele Jobsuchende ärgern sich, dass sie manchmal erst von einem Mitglied der Personalabteilung unter die Lupe genommen werden, bevor sie mit denjenigen reden, die die tatsächliche Entscheidung treffen, aber wieso eigentlich? Ein Bewerbungsgespräch in der ersten Runde ist ein Geschenk des Himmels. Hier wird den Kandidaten die Firma präsentiert, weshalb die Recruiter viel reden werden. Ihre Aufgabe ist es, still zuzuhören, bis Ihr Gegenüber nichts mehr sagt. Danach wissen Sie mehr darüber, wie Sie sich in der nächsten Runde zu verhalten haben, als Ihnen der Entscheidungsträger selbst verraten könnte.

Egal, in welchen strahlenden Farben das Unternehmen vorgestellt wird, wenn Sie zwischen den Zeilen lesen, erfahren Sie viel über die guten und die schlechten Seiten. Man diktiert Ihnen praktisch, was Sie bei der nächsten Auswahlrunde zu sagen haben.

Hier kommt Regel 4 wieder ins Spiel: Nutzen Sie jede Gelegenheit, den Mund zu halten. Wenn Sie lange genug warten, bekommen Sie Antworten auf die meisten Ihrer Fragen, ohne diese stellen zu müssen.

Die erste Woche in einem neuen Job

Erinnern wir uns an Regel 3: Wenn Sie gerade erst einen Raum betreten haben (oder in diesem Fall eine neue Stelle angefangen haben), vergessen Sie nicht, dass alle anderen schon vor Ihnen da waren. Beobachten Sie sie, um mehr zu erfahren. Drängen Sie sich bitte weder in den Mittelpunkt noch seien Sie bemüht witzig oder laden alle in den ersten Tagen zum Sushi ein. Das wirkt bei Weitem nicht so beeindruckend, wie viele Leute denken. Natürlich sollten Sie sich bei Ihren neuen Kollegen vorstellen, wobei Sie sie gleich ein wenig unter die Lupe nehmen können. Doch nicht, um sofort Verbündete zu suchen und Büroklatsch auszutauschen. Seien Sie lieber aufmerksam als charmant.

Geben Sie nichts Persönliches preis, wenn es sich vermeiden lässt, selbst wenn es nur eine harmlose Kleinigkeit zu sein scheint, wie Ihren Wohnort oder wie viele Kinder Sie haben. Sobald Sie über sich reden, wird Ihr Nunchi wirkungslos, weil Sie unachtsam sind.

Bei einer neuen Stelle ist der äußere Schein in den ersten Monaten sehr wichtig. Beachten Sie das alte Sprichwort: »Wer einen Ruf als Frühaufsteher hat, darf auch bis Mittag schlafen.« Wenn Sie sich also früh als fleißig und zuverlässig präsentieren, wird man später sehr viel nachsichtiger mit Ihnen sein.

Nunchi für alle, die ihren Job hassen

Ich fühle mit Ihnen. Vielleicht ist Ihre Jobsituation so unerträglich, dass keiner meiner bisherigen Ratschläge hilfreich ist. Vielleicht haben Sie einen perversen Kollegen, einen sadistischen Chef oder eine unmenschliche Krankenregelung. Und abhängig von Ihrem Berufsfeld, der Wirtschaftslage oder davon, für wen Sie das Geld verdienen müssen, können Sie im Moment vielleicht auch gerade keine neue Stelle suchen.

Falls das zutrifft, kann ich dieses Zitat des koreanischen buddhistischen Mönchs Haemin Sunim anbieten, Autor des internationalen Bestsellers *Die schönen Dinge siehst du nur, wenn du langsam gehst:*

Wenn du morgens zur Arbeit aufbrichst und dich bei der Frage ertappst, »Muss ich mein ganzes Leben so zubringen?«, dann versuch es einmal damit: Steh am nächsten Morgen ein bisschen früher auf und sitze in Stille, wie beim Meditieren. Atme tief und langsam und frag dich, inwiefern deine Arbeit anderen hilft, ganz gleich, wie geringfügig oder indirekt. Wenn du dich mehr auf andere konzentrierst, kannst du wieder eine Beziehung zum Sinn und Zweck deiner Arbeit herstellen.

Großmütiger kann Nunchi gar nicht sein, weshalb ich es noch einmal wiederhole: Fragen Sie sich, *inwiefern Ihre Arbeit anderen hilft, ganz gleich, wie geringfügig oder indirekt.* Vielleicht helfen Sie manchmal Kunden. Vielleicht müssen Sie lange im Büro bleiben, damit Sie da sind, wenn die Putzleute kommen. Aber vielleicht sind Sie auch der- oder diejenige, der oder die die Reinigungskräfte begrüßt, und verdienen diese nicht erst recht, gesehen zu werden? Warum kochen Sie ihnen nicht einen Kaffee oder bieten ihnen von Ihren Keksen an? Auch sie wären jetzt lieber daheim. Es geht nicht immer nur um Sie.

Werden Sie jetzt freudiger zu Ihrer deprimierenden Arbeit gehen? Wahrscheinlich nicht, aber die sinnlose Schufterei hat nun mehr Sinn. Und das ist noch wichtiger.

Quiz

Beantworten Sie diese Fragen zu Ihrer Arbeitsstelle. Denken Sie nicht lange nach, antworten Sie spontan. Sie können nichts falsch machen; Sie üben Ihr Nunchi.

A) Beschreiben Sie in einem Satz die Eigenschaften, die Ihr Arbeitgeber an seinen Mitarbeitern am meisten schätzt.
B) Erklären Sie, wie Sie zu der Antwort auf Punkt A kamen.
C) Wer an Ihrem derzeitigen Arbeitsplatz oder an früheren war ein Morgenmensch und wer war alles andere als das?
D) Haben Sie erlebt, dass Kollegen unterschiedlich behandelt werden, wenn sie Persönliches zu erledigen haben? Kann Kollege X zu den Schulaufführungen seiner Kinder gehen, ohne dass jemand mit der Wimper zuckt? Kollegin Y hingegen scheint für dasselbe immer Ärger zu bekommen. Falls ja, warum werden die beiden Ihrer Meinung nach unterschiedlich behandelt?
E) Schaffen die ruhigen Kollegen mehr Arbeit als der Rest, oder sind sie einfach nur still? Bringt man ihnen mehr oder weniger Respekt entgegen als den lauteren Mitarbeitern?

Wenn Ihnen jetzt gerade nichts dazu einfällt, beobachten Sie Ihre Kollegen beim nächsten Meeting. Es ist nicht wichtig, ob Sie zu allen Punkten etwas herausfinden; hier geht es darum, Ihr Nunchi einzuschalten und Ihre Sinne zu schärfen. Sie werden noch viel mehr erfahren als nur Antworten auf diese einzelnen Punkte.

KAPITEL 9

Nunchi für Nervöse

Ein Grund für dieses Buch ist auch, dass viele andere Ratgeber »Hilfe« anbieten, die mir nicht sinnvoll erscheint. Oft klingt das etwa so: »Du musst schon okay sein, um okay zu werden.« Sie wissen schon, »Liebe dich selbst, sonst wird dich keiner lieben«. Was soll das sein, Erpressung? Warum nicht gleich allen sagen, dass sie sich umbringen sollen?

Eine der besten Eigenschaften von Nunchi ist, dass man überhaupt nicht okay sein muss, um davon zu profitieren. Es ist völlig egal, ob Sie auf dem Höhepunkt Ihrer Karriere sind oder ganz tief unten oder irgendwo dazwischen. Tatsächlich ist Ihr Nunchi am besten, wenn Sie am ängstlichsten sind – der Vorteil der Unterprivilegierten.

Sie müssen Ihren Geist für Ihr Nunchi öffnen – und die Aufmerksamkeit darin aktivieren, die Ihnen helfen wird.

Ich sage das vor dem Hintergrund einer schmerzvollen Erfahrung, die ich machen musste, weil ich zuerst nicht auf mein Nunchi gehört hatte.

Ich habe früher Medikamente gegen eine soziale Phobie genommen, weshalb mir nur zu bewusst ist, wie belastend das für manche Menschen sein kann. Leider ist eine soziale Phobie eine dieser Krankheiten, deren garantiert wirksames Heilmittel – nämlich der Rückzug von Menschen – weder praktikabel noch zu empfehlen ist. Manche träumen davon, dass sie andere Menschen völlig meiden könnten, wenn sie reich wären – nur um dann festzustellen, dass Erfolg genau den gegenteiligen Effekt hat.

Doch wenn es Ihnen so geht, warum sollte die Konzentration auf andere Menschen dann helfen? Sind nicht sie das Problem?

Nun, in gewisser Hinsicht sind sie das tatsächlich, für einen Nunchi-Ninja allerdings auch die Lösung. Oder besser gesagt, Ihre Sicht auf sie zu ändern ist die Lösung.

Um noch einmal auf die Stoiker zurückzukommen: Sie müssen sich auf das konzentrieren, was Sie kontrollieren können, und das sind Ihre Sicht der Dinge und Ihre Handlungen.

Jeder von Ihrem religiösen Beistand bis zu Ihrem Therapeuten wird Ihnen sagen, dass das beste nicht medikamentöse Gegenmittel gegen Depressionen ist, anderen Menschen zu helfen. Auf soziale Phobien übertragen heißt das, dass Nunchi das beste nicht medikamentöse Gegenmittel ist. Sie können Ihr Nunchi nutzen, um Ihre Energie von Ihren eigenen Sorgen weg auf Ihre Umgebung zu lenken.

Buddhisten nennen Ängste »Affengeist«. Stellen Sie sich Ihre Angst als unruhigen, lauten Affen vor, den Sie nicht loswerden können, weil er ein Teil Ihrer Persönlichkeit ist. Wenn Sie gegen den Affen ankämpfen oder ihn anketten, wird er nur wütender und lauter. Sie können ihm allerdings etwas zur Ablenkung hinwerfen und dabei rufen: »Los, hol's dir! Guter Junge! Braver

Affe!« Vielleicht sagen Sie Letzteres nicht unbedingt laut, wenn Sie gerade auf einem Podium stehen und vor den Vereinten Nationen sprechen sollen oder so etwas, aber Sie verstehen, worauf ich hinauswill.

Buddhisten sagen, man könne den Affen beschäftigen, indem man ihm befiehlt, er solle sich auf den Atem konzentrieren. Wenn die Angst also größer wird, atmen Sie tief und ruhig und erinnern Sie sich, dass Sie für die nächsten Minuten nur ein Beobachter sind. »Wir schauen nur zu, Affe.«

Wenn Sie Angst verspüren, während Sie mit Menschen reden, befolgen Sie Regel 1 und leeren Ihren Geist: Denken Sie nicht daran, was für einen Eindruck Sie machen könnten, sondern analysieren Sie Ihr Gegenüber, als würde man Sie für einen detaillierten Bericht in bester Sherlock-Holmes-Manier bezahlen. Ist er oder sie außer Atem? Falls ja, könnte es Asthma sein oder mangelnde Bewegung. Oder vielleicht ist Ihr Gegenüber ja genauso nervös oder ängstlich wie Sie? Ein bisschen Erbrochenes auf der Schulter? Wahrscheinlich hat die Person ein Baby. Erstellen Sie ein mentales Bild mit diesen Details: Wie würde diese Frau ihr Kind anziehen? Ist das Kinderzimmer rosa, blau oder geschlechtsneutral? Sie erschaffen eine Welt, und Ihre Schlussfolgerungen sind vielleicht nicht ganz korrekt, aber das ist auch egal. Im Moment versuchen Sie, an etwas anderes als an sich selbst zu denken und dadurch ruhiger zu werden. Wenn Ihnen die Gegenwart von Menschen immer noch unangenehm ist, denken Sie nicht als Individuen von ihnen. Rufen Sie sich in Erinnerung, dass der Raum die Aktionseinheit von Nunchi ist. Treten Sie innerlich einen Schritt zurück, und betrachten Sie den Raum als großes Tableau, wie eines dieser wandfüllenden Gemälde in Museen, die Krönungen oder Picknicks zeigen.

Ich weiß, dass kurz vor einer Panikattacke beim Gedanken an ein wichtiges bevorstehendes soziales Ereignis solche Ratschläge wie »Bringen Sie Ihren Geist zur Ruhe« und »Konzentrieren Sie sich auf andere« unzureichend klingen und Sie darauf vielleicht sarkastisch antworten: »Wow, vielen Dank, es geht mir schon viel besser.« Völlig verständlich. Aber glauben Sie mir, dass Nunchi Sie durch wirklich schwere Situationen bringen kann, einfach nur, indem Sie nicht mehr an sich selbst denken.

Statt Angst vor einfachem Small Talk zu haben, machen Sie ihn doch einfach gar nicht. Hören Sie stattdessen anderen zu. Wenn Sie aufmerksam zuschauen und zuhören – also *Ihr verdammtes Nunchi einsetzen* –, werden Sie genug erfahren, um zu wissen, was Sie als Nächstes sagen sollen.

Achtung: Eine soziale Phobie ist etwas anderes, als wenn man Menschen einfach nur hasst, wogegen Nunchi leider auch nicht hilft.

Anpassungsfähigkeit

Zuvor habe ich erwähnt, dass ich nicht von Natur aus schnelles Nunchi besitze. Ich habe es mir erarbeitet, weil sich mein Leben massiv verändert hat, als ich mit zwölf Jahren mit meiner Familie von den USA nach Korea zog, und ich mich daran anpassen musste. Ich bin eine Nunchi-Spätzünderin, und mir wird immer wieder bewusst, wie viel ich noch zu lernen habe.

Jeder muss im Leben noch mal von vorn anfangen, da bin ich keine Ausnahme. Ich bin oft umgezogen und habe in Frankfurt, Berlin, Paris und New York gelebt – in manchen Städten sogar mehr als einmal.

Ich sage nicht, dass ich durch diese Umzüge besser oder sogar klüger als andere geworden bin. Doch diese Erfahrungen haben mich anpassungsfähiger gemacht. Ich kann Ihnen also guten Gewissens versichern, dass *Beobachtung und Anpassungsfähigkeit* einen stärker machen. »Was mich nicht umbringt, macht mich stärker« ist dagegen völliger Mist.

Von einem Land ins andere zu ziehen, macht einem die Unterschiede zwischen den Kulturen bewusst, oft ziemlich unmissverständlich. Eine harmlose Geste in den USA kann in Italien als obszön gelten. Die ungeschriebenen Gesetze der Straße sind in Asien völlig anders als in Europa. Doch auch innerhalb eines Landes gibt es kleinere Kulturunterschiede, sogar innerhalb einer Stadt. Beobachten und sich darauf einstellen hilft überall weiter.

Angst versus Nunchi

»Dem Bauchgefühl vertrauen« ist nicht immer so einfach, wie es scheint. Wenn Sie ein Date mit jemandem haben, den Sie wirklich mögen, können Sie vielleicht nicht so leicht unterscheiden, welche Impulse Ihr Bauch aussendet, Ihr Gehirn oder Ihr Herz, und die unteren Körperregionen melden sich auch noch zu Wort.

Ihr Nunchi wird Sie manchmal auch verwirren. Wenn Ihnen zum Beispiel plötzlich das Blut in den Adern gefriert und Sie nicht wissen, ob das irrationale Angst ist (etwa, dass Sie von Riesenenten daheim ermordet werden) oder Ihr Nunchi, das Sie vor einer realen Gefahr warnt.

Ich glaube, dass schlechtes Nunchi bis zu einem gewissen Punkt kein schlechtes Nunchi ist, sondern dass Menschen lediglich manchmal keine Verbindung zwischen ihrem Nunchi und den Folgen herstellen wollen. Wenn Menschen klar wird, dass sie nach dem Sammeln von Informationen auch eine Entscheidung treffen müssen, knebeln sie ihr Nunchi wie eine Geisel und werfen es in den Kofferraum. Sie haben Angst vor der Wahrheit. Sie wollen nicht an die Möglichkeit denken, dass sie vielleicht tatsächlich ein peinlicher Alkoholiker sind oder dass ihr überaus attraktiver Partner sie belügt. Sie lenken sich lieber mit noch mehr aufregenden Problemen ab, die gar nicht existieren ... wie Mörderenten.

Wenn Sie sich nicht sicher sind, ob Ihre Ängste irrational

sind oder Ihr Nunchi sich lautstark meldet, spüren Sie nach, wo in Ihrem Körper sich dieses Gefühl befindet.

Wenn Ihr Nunchi die gesammelten Informationen verarbeitet hat und jetzt starke Gefühle wie Angst erzeugt, dann werden Sie das sehr wahrscheinlich deutlich im Bauch spüren. Es wird sich kalt und sachlich anfühlen, trotz allen Schreckens. Wenn Sie irrationale Angst haben, verwirrt Sie normalerweise Ihre besserwisserische Hirnrinde, was sich an zwei Punkten manifestiert: dem Kopf, aber vor allem in der Brust. Wenn es sich anfühlt, als würde ein Amboss langsam Ihre Brust zerquetschen und Ihnen den Atem rauben, dann ist das Ihre Angststörung, nicht Nunchi.

Nunchi triggert Ihre Überlebensinstinkte, die Kampf-oder-Flucht-Reaktion. Dank dieser Fähigkeiten kann eine Mutter spüren, wenn sich ihr Kind in Gefahr befindet, blitzschnell ins Schlafzimmer rennen und mit übermenschlicher Kraft die schwere Eichenkommode hochheben, die das Kind unter sich begraben hat. Bei Angstzuständen können Sie das alles nicht.

Einzelne Gefühle einzelnen Körperteilen zuzuordnen, erfordert etwas Übung. Ich würde sagen, nach etwa zehn verschiedenen durchlebten Situationen wird es langsam natürlich. Ein großer Vorteil hierbei ist, wenn Sie Yoga machen, meditieren oder irgendeine Sportart ausüben, die Mind-Body-Awareness erfordert; bei mir ist das Pilates. Wenn meine Pilateslehrerin zu mir sagt: »Du solltest diese Übung eher im Rücken spüren und weniger im Bizeps«, dann weiß ich, wie ich im Geist die Rückenmuskeln aktiviere, damit sie mehr Kraft abgeben. Dank dieses Reflexes können Sie mit der Zeit schneller erkennen, wie Ihre Gedanken und Gefühle mit bestimmten Bereichen des Körpers verbunden sind.

Wenn Ihnen das zu abgehoben klingt, denken Sie an Ihre eigenen Erfahrungen: Wenn Sie stundenlang versucht haben, ein kniffliges Mathematikproblem zu lösen, wird Ihnen der Kopf wehtun, nicht der große Zeh. Wenn Sie die Liebe Ihres Lebens beim Sex mit einer anderen Person überraschen, wird sich das anfühlen, als hätte Ihnen jemand einen Tritt in den Solarplexus verpasst, nicht in Ihr rechtes Ohr. Die Verbindung zwischen Gefühlen und bestimmten Körperteilen ist Ihnen also im Grunde ständig bewusst.

Reisen mit Nunchi

Nunchi-Ninjas sind großartige Reisegefährten. Sie können in einem Land, in dem sie zum ersten Mal sind, in eine Apotheke oder einen Lebensmittelladen gehen, ohne die Sprache zu sprechen, und trotzdem geradezu magisch sofort die Creme gegen Schlangenbisse finden oder den Granatapfelsaft, als hätten sie im Leben nichts anderes getan. Sie können erfolgreich nach dem Weg fragen und ohne einen Blick in den Reiseführer ein tolles Restaurant finden, allein, weil sie ihrem Bauchgefühl vertrauen.

Diese Menschen nehmen die Kulturunterschiede aufmerksam wahr und genießen sie darüber hinaus auch noch. Sie sehen die Unterschiede als willkommenen Teil der Reiseerfahrung in einem neuen Land. Für sie ist das ganz natürlich, doch wir alle können unsere Beobachtungskünste verfeinern, um ein willkommener Gast in einem anderen Land zu sein.

Menschen ohne Nunchi sind dagegen anstrengend und geben oft Anlass zu Streit. Man hört immer wieder von Paaren, die sich nach einer großen Reise trennen – oder sogar währenddessen. Ein wichtiger Grund dafür ist, dass mangelndes Nunchi in einer fremden Umgebung überdeutlich zutage tritt und der andere seinen Augen nicht traut.

Reisende ohne Nunchi kacken ins Bidet und beleidigen versehentlich die Einheimischen. Sie verlieren Geld bei Hütchenspielern auf der Straße und werden auf dem Markt übers Ohr gehauen, weil sie keine Ahnung haben, wie viel Käse kosten sollte. Sie lassen sich ablenken und werden dann von Taschendieben bestohlen. Sie treiben sich in gefährlichen Gegenden herum, weil sie die Gefahrenzeichen nicht wahrnehmen. Sie rasten aus, weil sie es nicht ertragen, sich verloren zu fühlen. Manchmal gefährden sie sogar die Sicherheit ihrer Reisegefährten. An diesem Punkt ist ihr mangelndes Nunchi nicht mehr nur lustig oder vielleicht ein bisschen ärgerlich, sondern wird zu: »Mit diesem Menschen fühle ich mich nicht sicher. Möchte ich ihn wirklich als Freund oder Lebenspartner?«

Menschen ohne Nunchi sind schlechte Reisende, weil sie neurotische Angst vor Veränderung haben. Nicht zufällig ist die Unfähigkeit zur Anpassung ein großer Faktor bei Trennungen. Veränderung ist eine essenzielle Fähigkeit eines Nunchi-Meisters.

Auch wenn Sie wahrscheinlich kein totaler Nunchi-Versager sind, verhindert schon ein leichter Mangel, dass Sie das Reisen so genießen können, wie es möglich wäre, und sich damit eine der größten Freuden im Leben verwehren sowie hervorragende Gelegenheiten, das eigene Nunchi zu schärfen.

Die Regeln für Nunchi-gerechtes Reisen

Wie meine Freundin und Nunchi-Meisterin Helen zu sagen pflegt: »Einer der größten Fehler im Leben ist es anzunehmen, dass jeder wie man selbst ist.« Das trifft auf das Reisen ebenso zu.

Hier sind einige Beispiele für Dinge, die ich für Freunde, die mich in Paris besucht haben, erledigen sollte:

- »Sag ihnen, ich möchte das Zwölf-Gänge-Probiermenü, aber wenn möglich nur mit vegetarischen Gerichten.«
- »Sag ihnen, ich möchte mit dem Manager wegen des langsamen Services sprechen.«
- (Auf einer Restaurantterrasse, auf jedem Tisch steht ein Aschenbecher) »Sag dem Paar, dass ihr Zigarettenrauch schlecht für meine Allergien ist.«

Wenn Sie sich solche unsensiblen Kommentare nicht verkneifen können, dann tun Sie der Welt einen Gefallen und bleiben daheim und spielen Videospiele oder was auch immer. Lassen Sie Ihren Pass ablaufen und verlängern Sie ihn nicht.

Natürlich kann man nicht alles über ein Land wissen, in dem man noch nie war. Hier sind einige universelle Richtlinien, die Ihnen auf neunzig Prozent der bewohnbaren Erdoberfläche weiterhelfen werden:

Nunchi im Ausland – Regel 1:

Passen Sie sich an die örtlichen Gepflogenheiten an.

Professor Minsoo Kang, der auf der ganzen Welt aufwuchs, weil sein Vater Diplomat war, kennt sich besonders gut mit Expat-Nunchi aus. Er erzählt zum Beispiel aus dem Iran, wo er früher mal gelebt hat: »Man muss sehr aufpassen, wenn man etwas lobt oder schön findet, denn dann wollen die Leute es einem schenken und sind gekränkt, wenn man es nicht annimmt.«

Reisende ohne Nunchi nehmen solche kulturellen Traditionen vielleicht nicht ernst. Aber warum gibt jemand solche Ratschläge? Und warum antwortet der andere dann störrisch: »Ich verstehe schon, was du sagst, aber ich muss einfach ich selbst bleiben.«

Sagen wir, Sie besuchen das Haus eines iranischen Regierungsbeamten und bewundern eine wertvolle Lampe, worauf man sie Ihnen prompt schenkt. Schön, jetzt haben Sie eine hübsche Lampe. Aber Sie werden nie wissen, ob sich Ihr Gastgeber wirklich davon trennen wollte. Vielleicht werden Sie daraufhin nie wieder eingeladen, und man spricht fortan von Ihnen als dem fürchterlichen Ausländer, der sie im Grunde ausgeraubt hat.

Ich gebe zu, dass ich diese Regel auch schon verletzt habe (wie gesagt, ich musste mir mein schnelles Nunchi auch erst durch Versuch und Irrtum erarbeiten), zum Beispiel, als ich in Gegenden kein Kopftuch tragen wollte, in denen es aus Sicherheitsgründen aber sinnvoll gewesen wäre. Ich dachte, ich setze mit meinem unbedeckten Kopf ein wichtiges feministisches Zeichen; stattdessen habe ich unnötig Hotelangestellte und die Polizei beschäftigt, die dafür sorgen mussten, dass mir nichts passierte.

Nunchi im Ausland – Regel 2:
Niemand muss Ihnen alles übersetzen, außer man hat sie/ihn genau dafür engagiert.

Ich habe schon gesehen, wie Menschen wütend werden, wenn jemand eine Sprache spricht, die sie nicht verstehen, aus einer irrationalen Angst heraus, dass man über sie redet. Lassen Sie das. Halten Sie das Gefühl einfach aus, dass Sie nicht alles verstehen.

Nunchi im Ausland – Regel 3:
Keinen kümmert es, dass Sie Service XYZ verlangen, weil »das bei mir daheim auch so gemacht wird«.

Das ist in etwa das Gleiche, wie wenn man seiner Begleitung bei einem Date sagt, dass man später noch Sex erwartet, weil das mit einem anderen Date nach einem Essen in diesem Restaurant auch so war.

Wenn Sie ein Land besuchen, in dem Trinkgeld obligatorisch ist, dann sagen Sie nicht: »Tut mir leid, bei mir daheim geben wir kein Trinkgeld.« Wenn Sie ein Land besuchen, in dem Brot und Knabbergebäck im Restaurant extra berechnet werden, dann ist das nicht das Problem des Restaurants, wenn Ihnen das nicht passt.

Beobachten Sie aufmerksam, stellen Sie sich darauf ein; verlangen Sie nicht, dass sich eine ganze Kultur nach Ihnen richtet.

Nunchi im Ausland – Regel 4:
Lernen Sie drei Redewendungen in jeder Sprache: »Hallo«, »Können Sie mir helfen?« und »Sprechen Sie [meine Sprache]?«.

Ich weiß noch, wie ein Amerikaner mir einmal unaufgefordert mitteilte: »Ich war mal in Paris und fand es furchtbar. Ich bin in der Métro zum Serviceschalter gegangen, weil ich Hilfe brauchte, und man hat mir nicht geholfen. Dabei ist das doch ihr Job!«

Auf meine Nachfrage erfuhr ich, dass er sofort angefangen hatte, dem Métro-Mitarbeiter Fragen auf Englisch entgegenzubellen. Himmel, hilf. Jetzt wusste ich, warum man so einem Menschen nicht helfen wollte.

Also gut. Solange Sie nicht gerade in Flammen stehen, sprechen Sie jemanden in einem fremden Land immer zuerst mit einem höflichen Gruß *in der Landessprache* an, bevor Sie irgendetwas anderes sagen. In Frankreich sagen Sie *Bonjour* und warten, bis man *Bonjour* erwidert. Denken Sie an Regel 5: Manieren gibt es aus bestimmten Gründen.

»Bonjour« oder Ähnliches ist kein überflüssiges Überbleibsel aus einem früheren Jahrhundert; so signalisiert man jemandem, dass man etwas sagen möchte. Sie müssen auf die Antwort warten, damit sich Ihr Gegenüber auf Sie einstellen und Ihnen seine Aufmerksamkeit widmen kann. In den meisten Ländern müssen sich zwei Menschen erst begrüßen, bevor man über etwas sprechen kann, seien es Freunde oder Fremde.

Selbst wenn Sie nicht genau wissen, wie man sich verhält, halten Sie sich zurück und sagen erst »Hallo« in der Landessprache oder zur Not auch in Ihrer Muttersprache. Nirgendwo auf der Welt wird man es Ihnen zum Vorwurf machen, wenn Sie »Hallo« sagen, bevor Sie eine Frage stellen.

Außerdem: Warum sagt man ohne Vorwarnung etwas in einer für die Einheimischen fremden Sprache? Selbst mehrsprachige Menschen sind verwirrt, wenn sie jemand plötzlich in einer anderen Sprache anspricht. Wenn Sie Englisch oder eine andere Sprache sprechen wollen, die im jeweiligen Land eine Fremdsprache ist, fragen Sie bitte immer zuerst: »Sprechen Sie [meine Sprache]?« Das bereitet Ihr Gegenüber innerlich darauf vor, in eine andere Sprache zu wechseln oder jemanden zu holen, der Ihnen helfen kann.

Nunchi im Ausland – Regel 5:
Wenn Sie unsicher sind, konzentrieren Sie sich auf die Körpersprache.

Minsoo Kang befolgte diese Regel, als er einmal einen Professor an der Cambridge University besuchte. Kang durchlief seine Ausbildung zwar im Westen, und er spricht perfekt Englisch, doch selbst dann geht jemand mit schnellem Nunchi nicht automatisch davon aus, dass er alles versteht, nur weil er die Landessprache beherrscht. Man muss auf andere Dinge achten. Wie der irische Dramatiker George Bernard Shaw schrieb: »England und Amerika sind zwei Länder, die durch eine gemeinsame Sprache getrennt sind.«

Kang erzählt: »Während ich mit [dem Professor] sprach, hatte ich die ganze Zeit das Gefühl, ein Eindringling in seinem Büro zu sein. Er war sehr höflich, aber ich merkte, dass er mich unbedingt loswerden wollte. Deshalb sagte ich: ›Vielen Dank für Ihre Zeit‹ und stand auf, um zu gehen. Dann fragte er mich, ob ich zum Abendessen mit ihm und seiner Familie zu ihm nach Hause kommen wolle. Ich nahm an, dass er nur nett sein wollte, und lehnte ab.«

Kang und sein Nunchi hatten den Professor tatsächlich richtig eingeschätzt. Als Kang in die Vereinigten Staaten zurückgekehrt war, erzählte ihm der Kollege, der das Treffen mit dem englischen Professor arrangiert hatte, überraschend: »Der Professor fand dich toll! Weißt du auch, warum? Weil du seine Einladung zum Abendessen abgelehnt hast.«

Kang schlussfolgerte: »Durch meine Ablehnung habe ich ihm

einen Gefallen getan; für ihn bin ich jetzt ein sehr rücksichtsvoller Mensch. Für Engländer ist das überaus höflich.«

Beachten Sie immer den Kontext

In Sachen Nunchi sind Sie sich oft Ihr ärgster Feind, vor allem, wenn Sie fürchten, was andere denken könnten. Sie unterdrücken manchmal Ihr Nunchi, wenn Sie denken, es könnte Ihnen etwas sagen, was Sie nicht hören wollen. Zum Beispiel Kritik. Doch davor sollten Sie keine Angst haben. Ich sage nicht, dass Sie alles an Kritik glauben sollen, was man Ihnen sagt. Haben Sie nur keine Angst davor. Ihr Nunchi wird Ihnen sagen, wessen Worten Sie vertrauen sollten. Wenn jemand nur versucht, Sie schlechtzumachen, anstatt Ihnen zu helfen, sich zu verbessern, dann wird Ihr Nunchi Ihnen das mitteilen.

Das ist allerdings tatsächlich ein Paradox: Damit Sie aufhören können, sich Gedanken darüber zu machen, was andere über Sie denken könnten, müssen Sie sich damit beschäftigen, was andere Menschen von Ihnen denken. Doch bitte nehmen Sie nichts ernst, was Menschen zu Ihnen in den sozialen Medien sagen. Sie stehen nicht persönlich vor Ihnen und können Sie nicht einschätzen, und umgekehrt können Sie das auch nicht. Außerdem sind Sie nicht unter sich, sondern die halbe Welt kann theoretisch mitlesen. Wenn ein zwölfjähriges Kind Sie beleidigt, während es im heimischen Keller Videospiele spielt, würden Sie das ernst nehmen? Nein, Sie würden lachen. Denn genau das tun Menschen, die im Internet hirnlose Dinge schreiben. Die sozialen Medien sind ein einziges Chaos an nicht vorhandenem Nunchi, ohne Verstand und Weisheit.

Beachten Sie lieber, wer Sie kritisiert und was der Grund dafür sein könnte. Sie glauben vielleicht, dass Ihre Freundin Ihnen sagt, Sie sollen Menschen nicht ständig unterbrechen, weil sie »nur eifersüchtig« ist, und vielleicht ist sie das ja auch ... Oder vielleicht gibt sie Ihnen auch einen Rat, den Ihnen niemand sonst geben kann, weil Sie sie ja ständig unterbrechen. Wenn Sie einen Job nicht bekommen mit der Begründung, Sie seien »zu sprunghaft«, könnte der verantwortliche Manager ein Idiot sein ... Aber vielleicht sind Sie bei Bewerbungsgesprächen auch nervös und wirken instabil. Bemühen Sie sich um ein Feedback im persönlichen Gespräch und versuchen Sie, nicht sofort eine abwehrende Haltung einzunehmen. Denn dadurch blockieren Sie nur Ihr Nunchi.

Nunchi und Depressionen

Manchmal geht es Ihnen zu schlecht, um sich um Selbstoptimierung zu kümmern. Sie – und jeder andere in dieser Situation – denken: »Es ist mir doch schon egal, wie es mit mir weitergeht oder ob ich morgen früh aufwache, woher soll ich dann die Energie für Nunchi nehmen?«

Aber wissen Sie was? Ihr protoreptilisches Gehirn und Ihre Überlebensinstinkte sehen das anders. Das reptilische Gehirn will leben. Selbst der selbstmordgefährdetste Mensch wird sich zur Seite ducken, wenn jemand versucht, ihm ins Gesicht zu schlagen. Selbst der Mensch, der gerade im Auto sitzt und überlegt, eine Packung Schlaftabletten zu schlucken, wird aufs Gas treten und so schnell wie möglich davonfahren, wenn ein riesiger Braunbär in voller Geschwindigkeit und brüllend auf den Wagen zugaloppiert. Hier übernimmt der Instinkt.

Wenn es allerdings Menschen gibt, die Ihre Angst aufgrund der toxischen Dynamik zwischen Ihnen beiden anstacheln, dann entfernen Sie diese bitte aus Ihrem Leben. Ihr Körper wird älter und müde, und Sie brauchen alle Energie, um Krankheiten abzuwehren und sich um sich selbst und die Menschen zu kümmern, die Ihnen nahestehen. Um einen populären Internetspruch zu zitieren: »Wenn du depressiv wirst, überlege zuerst, ob du vielleicht einfach von Arschlöchern umgeben bist.«

Quiz

Welche Situation beschreibt gesunde Angst aufgrund von gutem Nunchi und welche irrationale Angstzustände?

IHRE SORGE	NUNCHI ODER ANGST (markieren Sie eins)
A) Ihr Freund ist ständig mit seinem Handy beschäftigt, will Ihnen aber nicht sagen, was los ist. Verbirgt er etwas?	Nunchi / Angst
B) Sie treffen eine attraktive Frau im Büro Ihres Freundes und denken: »Mit ihr wird er eine Affäre haben«, allein aufgrund ihrer Schönheit, aber keiner weiteren Hinweise.	Nunchi / Angst
C) Ihr Teenagerkind hat plötzlich irrationale Wutanfälle, und es fehlt Geld aus Ihrer Geldbörse. Sie haben Drogen im Verdacht.	Nunchi / Angst
D) Ihr Teenagerkind hört plötzlich Ska-Musik. Sie haben Drogen im Verdacht.	Nunchi / Angst
E) Sie werden nicht mehr zu Meetings eingeladen, und Ihr Vorgesetzter hat Ihnen aufgetragen, andere Kollegen in Ihre Arbeit einzuweisen. Man wird Ihnen wohl bald kündigen.	Nunchi / Angst
F) Ihr Chef schlägt mit den Türen und schreit Sie an, sich mit einem Projekt zu beeilen. Man wird Ihnen wohl bald kündigen.	Nunchi / Angst

Korrekte Antworten: A, C und E sind Beispiele für Nunchi-basierte Beobachtungen, und Sie sollten zumindest ein paar vorsichtige Fragen stellen. Die Situationen B, D und F sind irrationale Ängste, die allein auf individuellen Vorurteilen und Unsicherheiten basieren.

Ob Sie unter Angststörungen leiden, an Depressionen oder einfach einer fremden Umgebung, denken Sie an das koreanische Sprichwort: »Nunchi ist die Geheimwaffe der Unterprivilegierten.« Egal, wie schlecht es Ihnen geht, Nunchi kann Ihnen helfen. Sehen Sie es nicht als schwierige Übung oder Philosophie, sondern als eine mächtige innere Kraft, die in Notsituationen nur noch stärker wird. Sie tragen die Fähigkeit zu Nunchi bereits in Ihren Genen, in denen sie Millionen Jahre überdauert und sich weiterentwickelt hat, damit es Ihnen besser geht. Sie tragen Glück und Erfolg bereits in sich … und vor sich her. Interesse an der Welt um Sie herum zu zeigen ist der erste Schritt in Richtung Glück und Erfolg. Sie schaffen das.

Fazit

Nunchi ist vielleicht das nützlichste Hilfsmittel, das Sie je lernen werden – und das Ihnen die Grundlagen eines guten zwischenmenschlichen Umgangs vermittelt.

In Korea begleitet einen Nunchi von der Kindheit bis zum Tod. Im Westen ist es nicht nur an der Zeit, dieses Konzept in die Gesellschaft zu integrieren, sondern längst überfällig.

Koreaner sagen, dass das halbe öffentliche Leben aus Nunchi besteht. Und das ist keine mystische östliche Philosophie; im Grunde ist es auch eine westliche. Viele Menschen haben jedoch wegen des hartnäckigen und sogar noch wachsenden Mythos der Eigenverantwortlichkeit vergessen, wie wichtig es ist, der Umgebung Beachtung zu schenken.

Menschen glauben gern, dass sie Gemeinschaften aus reinem freiem Willen gegründet haben, doch damit machen sie sich etwas vor. Wie Aristoteles schrieb, sind Gemeinschaften entstanden, weil sie überleben mussten. Wenn man akzeptiert, dass das Leben in Gemeinschaft notwendig ist, dann versteht man auch die Notwendigkeit von Nunchi.

Nunchi kann soziale Interaktionen erleichtern, indem es etwas Druck von einem nimmt. Menschen müssen einen nicht mögen, damit man mit ihnen auskommt oder sie das tun, was man von ihnen möchte. Zu Nunchi gehört die Akzeptanz, dass wir alle im selben Boot sitzen, im Guten wie im Schlechten. Und mit Boot meine ich nicht nur den Planeten Erde oder wohin es einen verschlägt, sondern den Raum, in dem man sich befindet. Überall können Sie Ihr Nunchi einsetzen.

Nunchi ist der Ausdruck der amerikanischen Redewendung »Arbeite schlauer, nicht härter«. Natürlich sind Vorbereitung und harte Arbeit sehr wichtig. Doch sie sind kein Ersatz für Nunchi – für die ruhige Beobachtung und das Anpassen des eigenen Verhaltens in Echtzeit.

Wenn Sie schnelles Nunchi haben, können Sie Harmonie um sich herum verbreiten, weshalb Menschen gern in Ihrer Gesellschaft sind. Doch das ist nur ein Teil; Nunchi soll schließlich kein Beliebtheitswettbewerb sein. Der andere Teil ist völlig pragmatisch: Man kann erfolgreich andere Menschen beeinflussen. Nunchi mag skrupellos und machiavellistisch klingen, doch tatsächlich gewinnen alle dabei. Von einer runden und glatten und damit angenehmen Atmosphäre profitieren alle.

Nunchi ist entscheidend für Glück und Erfolg. Man wird dadurch zu besseren Eltern, Partnern, zu einem besseren Sohn oder einer besseren Tochter, und zu besseren Kollegen, Vorgesetzten und Freunden.

Verstehen Sie mich nicht falsch, manche Menschen kommen auch ohne gutes Nunchi ziemlich weit im Leben, aber sie könnten noch viel mehr erreichen, wenn ihr Nunchi besser wäre. Es gibt natürlich in der Öffentlichkeit stehende, sehr einflussreiche Menschen, die anscheinend kein Nunchi haben, doch das ist in vielen Fällen ihre eigene Entscheidung. Irgendwann waren sie so überheblich, dass sie ihre Sinne ignorierten. Ihre Egos unterdrückten ihr Nunchi, sie hörten nicht mehr auf ihre Berater, oder vielleicht gaben diese auch auf.

Aggressives Verhalten bringt einen irgendwann nicht weiter. Wenn man sein Nunchi nicht einsetzt, wird der bisherige Erfolg einbrechen. Das trifft auf alle großen Führungspersönlichkeiten zu – und sogar auf ein großes Reich.

Rufen wir uns noch einmal die acht Regeln ins Gedächtnis:

1. Leeren Sie Ihren Geist. Denken Sie an Bruce Lees Worte: »Leere deinen Becher, damit er von Neuem gefüllt werden kann.« Treten Sie einen Schritt zurück, und atmen Sie entspannt durch. Vorurteile verhindern, dass Sie etwas über andere Menschen lernen.
2. Seien Sie sich des Nunchi-Beobachtereffektes bewusst. Wenn Sie einen Raum betreten, ändern Sie diesen dadurch. Allein durch Ihre Gegenwart beeinflussen Sie die Atmosphäre, auch wenn Sie noch gar nichts gesagt haben. Ein großer Auftritt ist nicht nötig.
3. Denken Sie bei Ihrer Ankunft daran, dass die anderen sich schon länger in diesem Raum befinden. Beobachten Sie sie, und sammeln Sie Informationen. Wenn alle traurig aussehen, versuchen Sie nicht, sie aufzuheitern, bevor Sie nicht Genaueres wissen. Wenn alle in einem Kreis auf dem Boden sitzen und mit etwas beschäftigt sind, halten Sie sich zurück. Außer sie beten gerade Satan an.

4. Lassen Sie nie eine gute Gelegenheit verstreichen, den Mund zu halten. Wenn Sie lange genug warten, werden Sie Antworten auf die meisten Ihrer Fragen erhalten, ohne diese stellen zu müssen. Dieser Ratschlag wird Ihnen bei Verhandlungen nützen, bei denen man so viel wie möglich über sein Gegenüber erfahren sollte, während man sich selbst nicht in die Karten sehen lässt.
5. Manieren gibt es aus bestimmten Gründen. Betrachten Sie sie nicht als oberflächlich, denn sie dienen dazu, dass sich alle Menschen wohlfühlen können.
6. Lesen Sie zwischen den Zeilen. Menschen sagen nicht immer, was sie denken, und das dürfen sie auch. Wenn jemand nicht gern geradeheraus kommuniziert, dann zwingen Sie ihn auch nicht dazu. Achten Sie auf den Kontext und darauf, was Ihr Gegenüber *nicht* sagt.
7. Wenn Sie unbeabsichtigt etwas falsch machen, ist das manchmal schlimmer, als wenn Sie mit Absicht gehandelt hätten. Gut gemeint ist nicht gleich gut gemacht, heißt es so schön. Die Absicht beruht auf dem, was Sie selbst denken; Sie müssen sich von Ihrer eigenen Perspektive lösen, damit die Menschen sich in Ihrer Gesellschaft wohlfühlen können. Versuchen Sie, Rundheit zu schaffen, keine scharfen Kanten.
8. Seien Sie geschickt, seien Sie schnell. Sammeln Sie rasch Informationen, verarbeiten Sie sie rasch, passen Sie sich rasch daran an. Der Raum, den Sie vor zehn Minuten betreten haben, ist jetzt schon nicht mehr derselbe. Alles ist im Fluss.

Denken Sie daran: *Survival of the fittest* bedeutet nicht unbedingt das Überleben des Stärksten, sondern desjenigen, der sich am besten an die Gegebenheiten anpassen kann.

Wenn Nunchi zu schwer erscheint

Wenn Sie wirklich überhaupt nicht still sein können, ist noch nicht alles verloren. Es gibt andere Möglichkeiten, die Atmosphäre im Raum zu erfassen, wie zum Beispiel, Menschen direkt in die Augen zu sehen. Auch wenn diese das vielleicht etwas irritierend finden – doch das ist genau der Punkt. Hier können Sie ansetzen. Wie schon gesagt, Steve Jobs war bekannt für seinen durchdringenden Blick.

Wenn Sie genau überlegen, welche Menschen in Ihrem Bekanntenkreis überhaupt kein Nunchi haben, dann werden Sie auch bemerken, dass diese alle etwas gemeinsam haben, egal, wie gut oder schlecht sie sein mögen: Sie scheinen ihr Leben nicht im Griff zu haben. Im schlimmsten Fall stehen sie unter dem Einfluss gefährlicher Menschen. Im besten Fall stoßen sie Menschen ab, ohne zu wissen, weshalb. Sie kommen im Job nicht weiter und verlieren Freunde so schnell, wie sie sie gewonnen haben.

Sein Nunchi einzusetzen heißt nicht, sich in einem anderen Menschen zu verlieren, sondern das genaue Gegenteil. Wenn

Sie still beobachten und analysieren, verstehen Sie die wahre Natur eines Menschen, aus einer sicheren und objektiven Distanz. Nunchi verleiht Ihnen Tapferkeit – sowohl nach außen hin als auch innerlich.

Mit schnellem Nunchi können Sie Ihr Leben bewusst leben. Es wird immer Menschen geben, die Sie nicht mögen; das ist unausweichlich. Doch wenigstens machen Sie es sich nicht noch schwerer, indem Menschen Sie wegen völlig vermeidbarer Dinge hassen.

Hin und wieder wird Ihr Nunchi versagen. Werfen Sie sich das nicht vor; selbst Nunchi-Ninjas machen Fehler. Niemand ist perfekt. Und wenn Sie tatsächlich ein Fettnäpfchen erwischen? Denken Sie nicht länger darüber nach. Lassen Sie es hinter sich. Der Nunchi-Ninja kennt die eiserne Regel: »Vieles Reden lässt alte Wunden nur schwer heilen.«

Die meisten Menschen versuchen bei sozialen Ereignissen, etwas Schlaues zu sagen. Doch Klugheit wird völlig überbewertet, und je mehr Sie sich Sorgen darüber machen, etwas möglichst Intelligentes zu sagen, desto mehr sind Sie abgelenkt und beobachten nicht die anderen Leute. Sehr viel weiter im Leben wird Sie die Fähigkeit bringen, die Stimmung in einem Raum zu erfassen. Durch die Ausbildung Ihres Nunchis werden sich so viele Türen für Sie öffnen. Menschen werden sich an Ihre Seite stellen, ohne den Grund dafür zu wissen.

Wenn Sie sich selbst als im ständigen Kampf mit der Welt sehen, dann wird Nunchi Sie aus diesem Kreislauf befreien, und die Welt wird mit Ihnen arbeiten, nicht gegen Sie.

Der Kollege, der reflexartig alle Ihre Vorschläge abschmettert, wird bald schon weniger Entschuldigungen für sein Verhalten haben. Der Angestellte, der eigentlich »Nein« zu allen sagen soll, wird Ihnen antworten: »Nun, vielleicht könnten wir ja noch diese Möglichkeit versuchen …« Fragen, die Sie sich im Stillen stellen, wie zum Beispiel: »Was muss man tun, um hier gehört zu werden?«, werden ohne Ihr Zutun beantwortet werden. Sie werden herausfinden, dass harte Verhandlungen eher wie ein Tango sind und kein Kampf. Sie werden sehr viel sicherer im Umgang mit anderen Menschen.

Egal, welche Überraschungen Sie in einem Raum oder in einer Situation erwarten, vertrauen Sie darauf, dass Sie alle Werkzeuge haben, um Rundheit sowie eine harmonische Atmosphäre um Sie herum zu erschaffen und das Universum ein wenig Ihrem Willen zu unterwerfen. Sie müssen nicht der oder die Beste sein, um zu gewinnen. Sie brauchen nur Ihre Augen und Ihre Ohren.

ANHANG

Nunchi für Fortgeschrittene

Mittlerweile dürften Sie eine ziemlich gute Vorstellung davon haben, wie Sie Nunchi in Ihren Alltag integrieren können. Doch erst Übung macht den Meister. Ich kenne diverse Leute aus der Hochfinanz, die ihren Geist mit Schach wach halten; Koreaner spielen ebenfalls viele Spiele, die ihr Nunchi schärfen. Hier sind zwei beliebte koreanische Spiele, für die man schnelles Nunchi braucht. Eines heißt folgerichtig auch das Nunchi-Spiel, das zweite *muk-ji-pa*. Für beide Spiele benötigt man weder Würfel noch sonstige Utensilien.

Das Nunchi-Spiel

Es wird oft als Trinkspiel gespielt, doch selbst nüchtern ist es sehr schwer zu gewinnen. Promis und K-Pop-Stars müssen sich oft im koreanischen Fernsehen bei Shows beweisen.

Alles dreht sich ums Zählen. Ein Spieler (egal wer, das ergibt sich) steht auf, ruft dabei: »Eins!«, und setzt sich sofort wieder hin. Dann ruft jemand: »Zwei!«, steht auf und setzt sich wieder hin. Und so weiter. Wer als Letzter eine Zahl ruft, verliert. Wer eine Zahl wiederholt, die schon genannt wurde, wird disqualifiziert. Wenn zwei aufspringen und gleichzeitig dieselbe Zahl rufen, werden beide disqualifiziert, selbst wenn sie die Zahlenreihenfolge eingehalten haben. Man spielt so lange, bis nur noch einer steht; das ist der Gewinner.

Das Spiel ist hundert Prozent Nunchi. Um zu gewinnen, muss man schnell sein und seine Mitspieler verwirren. Wenn jemand zum Beispiel so aussieht, als würde er gleich aufspringen, können Sie sich vorbeugen, als ob *Sie* gleich in Aktion treten würden, und ihn aus dem Konzept bringen, sodass er die falsche Zahl ruft.

Muk-ji-pa

Muk-ji-pa ist eine Variation des Spiels, das im Westen als »Schere, Stein, Papier« bekannt ist, allerdings mit einigen wichtigen Abweichungen. Wörtlich übersetzt heißt *muk* »Stein«, *ji* »Schere« und *pa* »Papier«. (Die Reihenfolge der Wörter unterscheidet sich also von der westlichen Variante.)

Die Unterschiede zwischen Schere, Stein, Papier und Muk-ji-pa

1. Bei Schere, Stein, Papier sind beide Spieler offensiv und versuchen, die dominante Geste zu übertreffen. Stein schlägt Schere, Schere schlägt Papier, Papier schlägt Stein. Bei Muk-ji-pa dagegen spielt ein Spieler offensiv, der andere defensiv, und keiner versucht, die dominante Geste zu übertreffen. Man versucht stattdessen, entweder dieselbe Geste zu machen wie der Gegner (wenn man offensiv spielt) oder eine andere (wenn man defensiv spielt).
2. Wenn bei Schere, Stein, Papier beide dieselbe Geste wählen, gilt das als unentschieden. Bei Muk-ji-pa bedeutet es einen Gewinn für den offensiven Spieler und einen Verlust für den defensiven.
3. Bei Schere, Stein, Papier endet das Spiel, wenn eine Geste die andere schlägt. Wenn Spieler A Papier wählt und Spieler B Schere, gewinnt Spieler B, und das Spiel ist vorbei. Bei Muk-ji-pa gewinnt in einer solchen Konstellation nicht die

Schere; es bedeutet nur, dass A in der nächsten Runde die Defensivposition hat und B die Offensivposition. Das Spiel ist erst vorbei, wenn beide Spieler dieselbe Geste wählen (also zum Beispiel A und B die Schere zeigen).

4. Schere, Stein, Papier ist normalerweise schnell vorbei. Wenn zum Beispiel ein Spieler in Runde 1 Stein wählt und der andere Papier, dann gewinnt Papier, und das Spiel ist vorbei. Muk-ji-pa kann dagegen über mehrere Runden gehen, bevor beide dieselbe Geste wählen.
5. Um es noch komplizierter zu machen, muss der offensive Spieler die gewählte Geste (*muk, ji* oder *pa*) laut rufen, während der defensive Spieler ruhig zu sein hat.
6. Schere, Stein, Papier basiert weitgehend auf Zufall, Muk-ji-pa hingegen auf Nunchi.

Der Schlüssel zum Gewinn bei Muk-ji-pa ist, vorauszusehen, welche Geste der Gegner wählen wird.

Da beide Spieler gleichzeitig reagieren, müssen Sie Ihr Nunchi einsetzen, um Ihren Gegner einschätzen zu können.

Ein Spieler mit schnellem Nunchi kann an Ihrem Gesicht, Ihren Reaktionen und der Körpersprache ablesen, welche Geste Sie gleich wählen werden. Er bemerkt vielleicht auch bestimmte Muster. Man weiß zum Beispiel, dass unerfahrene Spieler es vermeiden, dieselbe Geste zweimal hintereinander einzusetzen, geschweige denn dreimal. Ein erfahrener Spieler weiß das und wird es zu seinem Vorteil nutzen.

Ein unerfahrener Spieler wird seine Aufmerksamkeit auf die

Hand des Gegners richten. Ein guter Spieler weiß das und täuscht an. Er dreht das Handgelenk also vielleicht horizontal, als ob er gleich Papier anzeigen würde, bewegt die Hand im letzten Moment dann aber zur Seite und wählt stattdessen Schere. Ein erfahrener Spieler behält den ganzen Körper seines Gegners im Blick, nicht nur die Hände.

Die Kinder in meiner Kindheit, die richtig gut in Muk-ji-pa waren, hatten schnelles Nunchi, und das hat ihr Leben als Erwachsene ganz offensichtlich beeinflusst. (Ich gestehe: Ich habe mich immer geweigert mitzuspielen.)

Anmerkungen

1 Oh, Kongdan: »Korea's path from poverty to philanthropy«, Brookings Institution, 14. Juni 2010

2 Kang, Minsoo: *The Story of Hong Gildong,* New York, Penguin Books, 2016

3 Heo, Jaehong Heo und Park, Wonju: *»Development and validation of Nunchi scale«,* Korean Journal of Counseling 14:6 (2013), S. 3537–55

4 *Dumm und dümmer,* Drehbuch von Bobby und Peter Farrelly, Bennett Yellin (1994)

5 https://www.nytimes.com/1997/05/15/nyregion/danish-mother-isreunited-with-her-baby.html

6 Aus dem Enchiridion, Griechisch für »Handbüchlein«

7 Conan Doyle, Arthur: *»Das getupfte Band und andere Detektivgeschichten«,* da zitiert aus *»Das Landhaus in Hampshire«,* Franckh'sche Verlagshandlung (1902)

8 https://www.pnas.org/content/115/7/E1690

9 Lee, Soo-kyung: *The Fart with No Nunchi* (눈치 없는 방귀), illustriert von Lee Sang-yoon, Seoul, I&Book Publishing, 2015. Das ist keine Erfindung von mir; hier ist der Beweis: http://www.kyobobook.co.kr/product/detailViewKor.laf?ejkGb=KOR&mallGb=KOR&barcode=9791157920051&orderClick=LAG&Kc=

10 *The Office,* BBC, geschrieben von Ricky Gervais und Stephen Merchant

11 Isaacson, Walter: *Steve Jobs. Die autorisierte Biografie des Apple-Gründers,* btb, 2012, Kapitel 29, S. 463

12 https://www.reuters.com/sponsored/article/popularity-of-gaming?

13 https://www.shortlist.com/entertainment/films/back-to-thefuture-wouldnt-have-been-the-same-without-spielberg/89788

14 https://www.sec.gov/news/press-release/2018-219

Danksagung

Normalerweise heißt es in Danksagungen: »Dieses Buch gäbe es nicht ohne Lektor/in XY.« In diesem Fall darf man das ganz wörtlich nehmen. Vielen Dank, Sarah Rigby, John Siciliano und Pippa Wright von Penguin Random House. Ihr seid herausragende Mentoren, geniale Lektoren und Lektorinnen und wunderbare Menschen. Ein großer Dank geht an Pippa, weil sie die Trauung zwischen Thema und Autorin vollzogen hat sowie für ihren unübertroffenen literarischen Instinkt. John, mein Seelenverwandter, meine Geheimwaffe und derjenige, der diesem Projekt Leben eingehaucht hat, hat mich unendlich mit seinem Witz, seinen Ratschlägen voller Nunchi und seinem strategischen Denken inspiriert.

Meine Agentin Lizzy Kremer von David Higham Associates glättet meine scharfen Kanten seit fünfzehn Jahren. Ich weiß nicht, womit ich sie verdient habe, aber sie an meiner Seite zu haben war eine der glücklichsten Fügungen meines Lebens. Maddalena Cavaciuti und Harriet Moore teilen die Hingabe und Klugheit ihrer Mentorin, auch wenn man ihnen keine Wahl gelassen hat, mit mir zu arbeiten. Vielen Dank!

Mein Dank geht auch an Jai Ko, der eine große Unterstützung bei den Interviews war.

Auf persönlicher Ebene kann ich gar nicht allen einzeln danken, doch zwei Menschen will ich hier nennen: Siobhán Silke, die ich beim letzten Mal unerklärlicherweise vergessen habe, was ungefähr so ist, als hätte ich meinen eigenen Namen vergessen. Sie verwendet mehr Energie darauf, ein guter Mensch und Freund zu sein, als ich je Energie auf irgendetwas verwendet habe. Und Kevin Klein danke ich, weil er ein toller Erstleser ist, eine Quelle der Weisheit und mich mit leckerem Kaffee versorgt.